JELITA WIEDZĄ LEPIEJ

MICHAEL MOSLEY

JELITA WIEDZĄ LEPIEJ

Jak zrewolucjonizować sposób odżywiania
i zmienić od wewnątrz swoje ciało

tłumaczenie Aleksandra Żak

OTWARTE
Kraków 2018

Tytuł oryginału: *The Clever Guts Diet*

Wydawca prowadzący: Karolina Kaim

Redaktor prowadzący: Anna Małocha

Konsultacja merytoryczna: dr n. med. Paweł Grzesiowski

Opracowanie typograficzne książki: Andrzej Choczewski / Wydawnictwo JAK

Adiustacja: Joanna Mika

Korekta: Joanna Mika, Aneta Wieczorek

Łamanie: Agnieszka Szatkowska-Malak

Projekt okładki: Nikola Hahn

ISBN 978-83-7515-492-4

OTWARTE
www.otwarte.eu

Dystrybucja: SIW Znak. Zapraszamy na www.znak.com.pl

„Wszelkie choroby zaczynają się w jelitach”.

Hipokrates z Kos,
ojciec współczesnej medycyny

Informacje zawarte w tej książce mają wyłącznie charakter ogólny. Nie stanowią porad medycznych i nie należy ich jako takie traktować. Wydawca i autorzy nie odpowiadają za ich stosowanie w przypadku występowania szczególnych dolegliwości zdrowotnych, które mogą wymagać nadzoru lekarza. Jeśli doświadczasz problemów zdrowotnych albo masz wątpliwości co do porad zawartych w tej książce, skonsultuj się z lekarzem, dietetykiem lub innym odpowiednim specjalistą.

SPIS TREŚCI

WSTĘP

Chociaż w tej książce mowa jest o żywieniowej rewolucji, celem opisanego w niej programu Clever Guts nie jest utrata wagi. Może zrzucisz parę kilo, jeśli będziesz jeść i robić to, co zalecam, ale nie o to tu chodzi. Program opisany w tej książce jest dietą w tym samym znaczeniu, co dieta wegetariańska czy śródziemnomorska. Nie chodzi o kalorie czy ograniczenia, ale rodzaje pokarmów i zmiany w stylu życia, które powinieneś wprowadzić, jeśli masz problemy z jelitami albo po prostu chcesz o nie zadbać.

Jelita nie są zbyt modnym narządem. Kiedy studiowałem medycynę, wielu moich kolegów chciało badać mózg i wybrało specjalizację w neurochirurgii, inni zamierzali zostać kardiologami i zajmować się sercem. Nigdy nie słyszałem, by ktoś mówił, że chce poświęcić życie jelitom. A jednak są one wyjątkowe – to jak dotąd mało zbadana część ciała, na punkcie której ostatnio mam prawdziwą obsesję. Dzięki ogromnej liczbie nowych badań możemy zajrzeć do świata kryjącego się w jelitach, a to zmienia nasze pojęcie o działaniu ludzkiego organizmu.

Zadaniem jelit nie jest tylko pozyskiwanie energii z jedzenia. Odpowiadają też za pracę naszego układu odpornościowego i wytwarzają ponad 20 hormonów, które mają wpływ na wszystko – od apetytu po nastrój.

Zachwycający jest także fakt, że w głębszej warstwie ściany jelita znajduje się drugi mózg, czyli nerwowy układ jelitowy. Składa się on z tych samych komórek, które znajdują się w mózgu – neuronów. W jelitach jest ponad 100 milionów neuronów – tyle samo można by znaleźć w mózgu kota. Tyle tylko, że w przeciwieństwie do mózgu w czaszce nerwy te nie tworzą wielkiej kuli. Neurony w układzie pokarmowym to cieniutka siateczka, która rozciąga się od gardła po odbyt. Ten drugi mózg nie rozwiązuje zadań geometrycznych ani nie martwi się deklaracjami podatkowymi, ale zarządza trawieniem i kontroluje bóle brzucha.

Kiedy mówimy na przykład o tym, że z emocji mamy motyle w brzuchu, te słowa wyrażają bliski związek między mózgiem a jelitami. W tej książce będę opowiadał o osi jelita – mózg i o dotyczących jej nowych odkryciach naukowych.

Twoje jelita to naprawdę zadziwiający twór. Mam nadzieję, że po przeczytaniu tej książki zarazisz się moim jelitowym entuzjazmem. Co ciekawe największymi gwiazdami w tym trawiennym przedstawieniu nie są wcale żadne części ludzkiego ciała, a mikroorganizmy – jest ich w tobie kilogram lub dwa, a razem tworzą mikrobiom.

Jeszcze do niedawna świat mikrobiomu był dla nas ciemny, grząski i nieznany. Tam, w głębi naszych ciał, mieszkają istoty, które nigdy nie widziały światła dziennego – jest ich ponad 50 bilionów, co najmniej 1000 różnych gatunków. To bardziej różnorodne środowisko niż las równikowy.

Jak to się często zdarza z nowymi odkryciami naukowymi, wiele rzetelnych badań błędnie zinterpretowano i wyolbrzymiono wyniki. Istnieje ryzyko, że dotąd ignorowane mikroorganizmy będą teraz nadmiernie wychwalane. Niedawne badania wykazały, że nie jesteśmy w 90% bakteriami i w 10% ludźmi, jak twierdzili autorzy licznych książek i artykułów. Tymczasem proporcje wynoszą raczej 50:50[1].

Jak twierdzi jeden z badaczy, którzy przyczynili się do obalenia tego mitu, liczba bakterii i komórek jest tak zbliżona, że każde wypróżnienie może przechylić szalę zwycięstwa na korzyść ludzkich komórek.

Poza tym co prawda istnieją pokarmy wspomagające zdrowie mikrobiomu (i właśnie dlatego ta książka zawiera przepisy), jednak w przypadku produktów, którym przypisuje się takie działanie, rzadko jest ono potwierdzone naukowo. Opowiem ci więc o prebiotykach, probiotykach i suplementach oraz wyjaśnię, co działa, a co nie.

Powszechna niewiedza na temat mikrobiomu wynika z faktu, że do niedawna jego mieszkańcy, mikroorganizmy, byli niemal nie do zbadania. Wiedzieliśmy tylko, że pomagają chronić jelita przed niechcianymi najeźdźcami, że uczestniczą w syntezie niektórych witamin i że pochłaniają błonnik, którego nie może strawić nasz organizm.

Teraz wiemy, że robią o wiele więcej:

1. Pomagają regulować masę ciała. Jak się przekonamy w kolejnych rozdziałach, mikroorganizmy w twoich jelitach mogą decydować o tym, ile energii pozyska twój organizm z pożywienia, kontrolować sygnały o głodzie i sytości, decydować o tym, na które pokarmy masz ochotę, oraz o tym, jak szybko rośnie poziom cukru we krwi po posiłku. Czy twój mikrobiom może cię utuczyć? Oczywiście. Czy możesz zmienić swój mikrobiom tak, by z tobą współpracował, zamiast działać przeciwko tobie? Oczywiście, a ja pokażę ci, jak to zrobić.

2. Mikrobiom nie tylko chroni jelita przed najeźdźcami, ale także trenuje cały nasz układ odpornościowy i reguluje go. W ciągu

ostatniego półwiecza znacząco zwiększyła się częstotliwość występowania chorób alergicznych, na przykład astmy i atopowego zapalenia skóry, których przyczyną jest nadmierna aktywność układu odpornościowego. Nastąpił też wzrost liczby osób cierpiących na choroby autoimmunologiczne – od nieswoistego zapalenia jelit po cukrzycę typu 1. Tu również głównym winowajcą jest układ odpornościowy, który wymknął się spod kontroli. Pokażę ci, jak zmiana rodzajów bakterii w jelitach może zmniejszyć wpływ tych chorób na twoje życie.

3. Mikrobiom gromadzi składniki pokarmowe, których nie może strawić organizm, a potem przekształca je w różne hormony i substancje chemiczne. Wygląda na to, że mogą one wpływać na nasz nastrój, a także apetyt i ogólne zdrowie. Zmiana mikrobiomu może złagodzić lęki i depresję.

Tragiczne jest to, że w swej niewiedzy zasypywaliśmy śmieciami mikrobiom i tworzące go mikroorganizmy, czyli naszych „starych przyjaciół". Zyskały to miano dlatego, że ewoluowały razem z nami przez miliony lat, a także ponieważ wiele z nich odgrywa bardzo ważną rolę dla naszego zdrowia. My zaś nie tylko wyniszczyliśmy lasy równikowe i skazaliśmy na zagładę liczne gatunki zwierząt – zdziesiątkowaliśmy też mieszkańców naszych jelit. Na szczęście możemy pomóc naszym „starym przyjaciołom" wrócić do formy. Pokażę ci, jak to zrobić.

Będę też przyglądał się najnowszym metodom leczenia licznych problemów jelitowych – od nietolerancji glutenu po zespół jelita drażliwego. Są to choroby, z którymi zmaga się wiele osób – po części dlatego, że lekarze często błędnie je diagnozują, a także niewłaściwie leczą. Często lekceważy się je, przypinając im łatkę chorób psychosomatycznych, czyli będących pokłosiem stanów lękowych lub depresji.

To samo mówiono kiedyś o wrzodach żołądka. Wrzody układu pokarmowego to otwarte rany tworzące się w błonie śluzowej żołądka i jelita cienkiego.

W 1994 roku, kiedy kręciłem dokument o wrzodach (który mało oryginalnie nazwałem *Ulcer Wars* – „wrzodowe wojny"), występowały one powszechnie i uważało się je za nieuleczalne. Powszechnie wierzono, że powoduje je stres – to przez niego żołądek rzekomo produkuje za dużo kwasu, co wpływa na uszkodzenie śluzówki żołądka. Lekarze doradzali zwykle, by jeść mdłe potrawy, ograniczać stres i zażywać lek zmniejszający wydzielanie kwasu. Jeśli to nie działało – a bywało tak często – można było trafić w ręce chirurgów, którzy usuwali części żołądka i jelita cienkiego.

Jednak w Perth w zachodniej Australii była dwójka lekarzy, którzy nie wierzyli, by stres był prawdziwą przyczyną wrzodów. Przekonywali, że w większości przypadków pojawienie się wrzodów wynika z zakażenia nieznaną wcześniej bakterią, którą zidentyfikowali i nazwali *Helicobacter pylori.*

Aby dowieść swojej racji, w 1984 roku jeden z tych naukowców, doktor Barry Marshall, przyrządził sobie fiolkę napoju z bakterią *Helicobacter* i wypił do dna. Kilka dni później – jak opowiadał mi z uśmiechem – zaczął wymiotować. Poddał się endoskopii – do żołądka przez gardło wprowadzono mu cienką rurkę. Wycięto próbki dotkniętej stanem zapalnym błony śluzowej. Gdy je zbadano, okazało się, że żołądek zasiedlił *Helicobacter.*

Żona Barry'ego, Robin, zmartwiona, że mąż może poważnie zachorować, upierała się, by przerwał eksperyment. Zatem Barry zażył garść antybiotyków, które, jak wiedział, mogą zabić *Helicobacter*, i wkrótce jego żołądek wrócił do normy.

Dziesięć lat później – pomimo szerokich badań wykazujących, że krótka antybiotykoterapia może wyleczyć wrzody żołądka – większość ekspertów, z którymi przeprowadziłem wywiady podczas pracy nad filmem, od razu odrzucała wyniki pracy Barry'ego. Jeden z nich powiedział mi, że nie chce mu się wierzyć, by do wielkiego medycznego przełomu mogło dojść w „naukowym ciemnogrodzie takim jak Perth". Specjalista od przewodu pokarmowego, który recenzował mój film w „British Medical Journal", uznał, że jest on „stronniczy i tendencyjny".

Zwykle, gdy kręci się dokument, to po prostu się on ukazuje i na tym się kończy. Z *Ulcer Wars* było inaczej. Dostałem dziesiątki tysięcy listów (to było jeszcze przed pojawieniem się internetu) od ludzi, którzy ogromnie cierpieli i nie reagowali na standardowe leczenie. W odpowiedzi rozesłałem tysiące opracowań opisujących badania i kurację antybiotykową Barry'ego.

Wciąż mam część listów, które otrzymałem w odpowiedzi – w tym jeden od faceta imieniem Brian, którego wrzody nie zanikały po standardowym leczeniu i któremu powiedziano, by zrezygnował z uwielbianej pracy na wysokim stanowisku i dał sobie wyciąć większość żołądka. Zaniósł swojemu lekarzowi mój opis i błagał go o kurację antybiotykami. Lekarz niechętnie się zgodził, a Brian po kilku tygodniach całkowicie wyzdrowiał. Potem regularnie do mnie pisał, by dać znać, że wciąż ma się dobrze.

Podejście do leczenia wrzodów stopniowo się zmieniało, a ja byłem zachwycony, gdy w 2005 roku Barry Marshall i Robin Warren otrzymali za swoją pracę Nagrodę Nobla w dziedzinie medycyny. Badanie w kierunku zakażenia *Helicobacter* i leczenie go, gdy ktoś cierpi na wrzody przewodu pokarmowego, to teraz standard.

Nie chodzi mi o to, że antybiotyki rozwiążą wszystkie nasze problemy. To nieprawda, a poza tym ich nadużywanie przyczyniło się do innych poważnych problemów jelitowych. Nie sugeruję też, że stres jest bez znaczenia. Ma on na nas wielki wpływ, a ja przedstawię ci sprawdzone sposoby na rozluźnienie.

Chodzi o to, że wiele chorób lekceważono, przypinając im łatkę psychosomatycznych, tylko dlatego że lekarze nie mieli właściwych narzędzi, by odpowiednio je badać. W latach 30. XX wieku astmę leczono psychoterapią, bo błędnie uważano, że jej źródłem jest umysł. Dawniej sądzono też, że autyzmowi i schizofrenii winne jest niewłaściwe wychowanie.

Napisałem tę książkę między innymi dlatego, że jestem przekonany, iż wielu powszechnych dolegliwości jelitowych można się pozbyć skuteczniej, zmieniając sposób żywienia, niż stosując leki czy środki przeciwdepresyjne.

Pierwsze rozdziały zawierają przegląd informacji o przewodzie pokarmowym – spisałem je w formie relacji z podróży po moim własnym wnętrzu. W rozdziałach tych piszę nie tylko o tym, jakie są zadania układu trawiennego, ale także o tym, co się dzieje, gdy coś pójdzie nie tak.

W rozdziale trzecim poznamy wspaniały świat mikrobiomu oraz niektóre spośród ważniejszych plemion, jakie można tam znaleźć.

Kolejne rozdziały opowiadają o tym, w jak nieoczekiwany sposób wpływa na nas mikrobiom, a później omówię naukowo sprawdzone sposoby na utrzymanie go w dobrym stanie. Na końcu znajdziesz przepisy stworzone przez terapeutkę żywieniową Tanyę Borowski i lekarkę Clare Bailey.

Podczas szukania informacji do tej książki dowiedziałem się wielu rzeczy, które mnie zaskoczyły, i wyciągnąłem wielkie praktyczne korzyści z nowo zdobytej wiedzy. Teraz odżywiam się bardziej różnorodnie i włączyłem do jadłospisu fermentowaną żywność, której dotąd nie próbowałem. Byłem zachwycony tą podróżą. Mam nadzieję, że tobie też się spodoba.

CZĘŚĆ I

1

POD POKŁADEM

Gdy tak stałem w Muzeum Nauki w Londynie, zacząłem się zastanawiać, czy to na pewno był dobry pomysł. Powodowany chwilowym entuzjazmem zgodziłem się wziąć udział w występie na żywo w znanym na całym świecie muzeum. Powiedziałem, że połknę małą kamerę w kształcie pigułki połączoną poprzez czujniki na moim ciele z wielkim ekranem, by kilkusetosobowa publiczność mogła oglądać razem ze mną intymny i tajemny świat mojego przewodu pokarmowego.

Podczas nauki na uczelni medycznej oraz później, jako prezenter telewizyjny, uczestniczyłem w różnych dziwacznych i niejednokrotnie bolesnych eksperymentach, ale ten był zupełnie inny. W ramach przygotowań pościłem przez 36 godzin i zażyłem mocne środki przeczyszczające. Chodziło o to, by obraz z kamery był możliwie najwyraźniejszy, gdy dotrze ona do mrocznych części mojego układu trawiennego.

Wiedziałem, że gdy już połknę kamerę, nie będę miał nad nią kontroli – będę mógł się tylko domyślać, jak długo zajmie jej podróż przez moje jelita. Wiemy, że jedzeniu droga od ust do wyjścia może zająć do trzech dni, a czasem nawet dłużej. Spodziewałem się, że ponieważ poprzedniego wieczoru wypiłem cztery litry środka przeczyszczającego, moja kamera będzie podróżować szybciej. Mimo to ostrzeżono publiczność, że oczekiwanie, aż kamera wypadnie z drugiej strony, może trochę zająć.

Kamera, którą połknąłem, była podłużna i obła, miała nieco ponad centymetr długości i przypominała rozmiarem dużą tabletkę. Biorąc pod uwagę fakt, że znajdował się w niej ekwiwalent ekipy filmowej – w tym także światła i cały sprzęt – była imponująco mała. Ale i tak miałem dużo do połknięcia. Takiego sprzętu używają zwykle gastroenterolodzy, by mieć wgląd w te części ciała pacjentów, do których nie da się dotrzeć endoskopem czy kolonoskopem.

Kiedy wszystko było przygotowane, połknąłem kamerę i popiłem szklanką wody. Poleciała w dół – minęła migdałki i wpadła do przełyku, wysyłając nam relację na żywo z podróży. Kiedy połyka się jedzenie, przełyk wykrywa je, gdy pokarm dotyka jego ścian. Wtedy mięśnie zaczynają się kurczyć, spychając go w dół. Skurcze są tak silne, że teoretycznie można by jeść, stojąc na głowie.

W każdym razie tego się spodziewaliśmy. Jednak kamera utknęła na zakręcie, gdzie przełyk spotyka się z żołądkiem.

Na chwilę spanikowałem, zastanawiając się, czy trafię na salę operacyjną, gdzie rozetną mi gardło, ale na szczęście po kilku podskokach kamera trafiła w zwężenie i spadła do żołądka.

Oglądanie własnego żołądka od środka, okiem kamery o kolistej soczewce, to niezwykłe doświadczenie. Krajobraz tam na dole jest mięsisty i egzotyczny, a do tego pulsuje i stale się porusza. Zapamiętałem, że był też różowy i roztętniony, pełen soków i miękkiej tkanki. Kiedy żołądek jest pusty, błona śluzowa, która pokrywa jego wnętrze, unosi się i marszczy. Przypominała mi powierzchnię Marsa, tylko była bardziej oślizgła i znacznie bardziej ruchoma.

Ściany żołądka stale się poruszają, kurcząc się i fałdując. Gdyby kamerę dawało się strawić, zostałaby stłuczona i rozgnieciona na kawałeczki oraz zatopiona w sokach trawiennych, których odczyn jest równie niski co kwasu w akumulatorze samochodu. Taka kwasowa kąpiel służy zniszczeniu wszelkich szkodliwych bakterii lub pasożytów, które połykasz razem z jedzeniem.

U niektórych ludzi kwaśna treść żołądkowa może się cofać do przełyku. Nazywa się to chorobą refluksową albo refluksem żołądkowo-przełykowym. Może ona być bolesna, ponieważ błona śluzowa jest bardzo podrażniona. Zwykle leczy się ją lekami hamującymi wydzielanie kwasu. (Jeśli objawy są łagodne, może pomóc napar z imbiru – zalej gorącą wodą dwa plasterki świeżego imbiru i zostaw na 30 minut. Wypij przed posiłkiem).

Co ciekawe, po raz pierwszy poznaliśmy działanie układu pokarmowego nie dzięki kamerze, ale w wyniku strasznego wypadku.

Historia zaczęła się w czerwcu 1822 roku, gdy młody kanadyjski podróżnik Alexis St. Martin pracujący u wybrzeży jeziora Michigan został przypadkowo postrzelony w pierś. Strzał przebił mu żebra, płuca i przednią ścianę żołądka. Kawałki niestrawionego śniadania zaczęły wylewać się z ciała razem z częściami rozdartego żołądka. Pierwszą osobą na miejscu wypadku był młody lekarz wojskowy William Beaumont. Opatrzył ranę, ale sprawy nie wyglądały dobrze – nie spodziewał się, że Alexis z tego wyjdzie. Jednak chłopak przeżył – i dzięki temu przyczynił się do pierwszych odkryć związanych z działaniem przewodu pokarmowego.

Rana Alexisa była potężna – mniej więcej wielkości dłoni dorosłego mężczyzny. Znajdowała się wysoko po lewej stronie piersi. Często myślimy, że żołądek leży gdzieś pośrodku, niedaleko pępka, ponieważ stamtąd wydobywa się większość burczących odgłosów i tam odczuwamy bóle brzucha. Znajduje się on jednak znacznie wyżej, tuż pod przeponą. Wielka dziura w piersi St. Martina skurczyła się, ale nigdy w pełni się nie zagoiła – pozostała ziejącym otworem prowadzącym ze świata zewnętrznego wprost do jego żołądka. Taką dziurę nazywa się przetoką.

Było to oczywiście przykre dla Alexisa St. Martina, ale stanowiło wspaniałą szansę dla Williama Beaumonta – mógł badać przewód pokarmowy w sposób niemożliwy dotąd dla żadnego innego lekarza.

Aby mieć Alexisa blisko siebie, Beaumont zatrudnił go jako swojego służącego i rozpoczął serię badań, które trwały prawie 10 lat.

Zawijał jedzenie – kawałki warzyw lub mięsa – w muślinowe woreczki, a potem wtykał je do żołądka Alexisa bezpośrednio przez przetokę. Zostawiał woreczek na jakiś czas, a potem wyciągał go, by sprawdzić, co się stało. Przypominało to trochę parzenie herbaty.

Beaumont nie tylko wkładał różne rzeczy przez dziurę w żołądku Alexisa, ale też pobierał z niego soki. To te eksperymenty okazały się naprawdę rewolucyjne, ponieważ wywróciły do góry nogami powszechne przekonania na temat trawienia.

W tamtym czasie, na początku XIX wieku, uważało się, że trawienie to czynność czysto mechaniczna – mięśnie żołądka zgniatają jedzenie. Beaumont wykazał, że tak nie jest. Trawienie jest także procesem chemicznym. Lekarz odkrył na przykład, że sok wydobyty z żołądka Alexisa zawiera mnóstwo kwasu solnego, który jest silnie żrący. Odkrył także, że soki trawienne są bogate w enzymy, które mogą rozkładać jedzenie, gdy doda się je do pokarmu w misce.

Co się dzieje, gdy jemy i pijemy

Byłem bardzo ciekaw, jak będą wyglądać niektóre z tych czynności w moim własnym żołądku, więc wciąż mając tam kamerę, zjadłem posiłek złożony ze steku, frytek i warzyw i popiłem go szklanką soku jabłkowego.

Wkrótce patrzyłem – wraz z zafascynowaną i nieco zdegustowaną publicznością – jak jedzenie i napój, które właśnie połknąłem, wędrują przez mój układ pokarmowy. Płyn szybko ściekł po ścianach na dno żołądka, gdzie narząd ten łączy się z jelitem cienkim. Tę część nazywa się połączeniem żołądkowo-dwunastniczym. Jest tam umięśniony „zawór" – zwieracz odźwiernika – który działa jak bramkarz w nocnym klubie i decyduje, komu wolno przejść, a komu nie. Kiedy zwieracz jest zwężony, zamknięty, zatrzymuje spożyty pokarm w żołądku i tam pastwią się na nim soki trawienne, jest też poddawany mechanicznemu zgniataniu. Kiedy uzna, że coś zostało wystarczająco rozdrobnione, otwiera się i pozwala pokarmowi przedostać się do dwunastnicy. Cały proces musi być starannie zarządzany, dlatego właśnie tam na dole jest tak dużo komórek nerwowych.

W każdym razie po krótkiej chwili zwieracz odźwiernika zdecydował, że sok jabłkowy, który wypiłem, jest w porządku, więc pozwolił mu przepłynąć do jelita cienkiego – wyglądało to jak opróżnianie wanny z wody po wyjęciu korka.

Wynika z tego cenna lekcja dla każdego, kto chce schudnąć – nie warto spożywać kalorii w płynie.

W przeciwieństwie do tych w formie stałej kalorie, które spożywamy jako napoje, nie dają uczucia sytości. Do najgorszych winowajców należą przysmaki, jakie niektórzy chętnie nazywają zdrowymi. Przekonuje się nas szczególnie, że soki owocowe i smoothie nam służą, ponieważ pochodzą z naturalnych źródeł i zawierają witaminy. Prawda jest taka, że o ile nie są świeżo przygotowane, to nie stanowią zbyt dobrego źródła składników odżywczych. Dobrze spełniają inną funkcję, która stała się przyczyną ich popularności – bardzo szybko dostarczają mózgowi dawkę cukru.

Wypijasz sok, szybko spływa on do żołądka i jelita cienkiego, gdzie cukier jest wyodrębniany i wchłaniany do krwiobiegu, skąd trafia do mózgu. Mózg uwalnia hormon przyjemności – dopaminę – a ty doświadczasz znajomego doładowania cukrem. Super, chcę tego więcej!

Nadmiar energii po spożyciu takiej dawki cukru musi gdzieś się podziać, więc o ile nie spalisz go od razu, intensywnie się ruszając, zgromadzi się w ciele jako tłuszcz – albo w wątrobie, albo w okolicach jelit. W małej szklance lub kartoniku soku jabłkowego czy pomarańczowego jest około 120 kalorii – to odpowiednik pięciu łyżeczek cukru. Być może jest to naturalne, ale zawarty w soku cukier twój organizm potraktuje tak samo jak coca-colę. Smoothie ze sklepu zawierają podobną ilość cukru co soki owocowe – niektóre mają go nawet więcej. Pod względem stężenia najgorszy ze wszystkich jest sok z winogron, bo jedna szklanka zawiera tyle samo cukru co cztery pączki.

Czy można to wszystko spalić ćwiczeniami? Tak, ale wiele osób nie ma pojęcia, jak długo trzeba ćwiczyć, żeby spalić kalorie zawarte w małym przysmaku.

Być może pomyślisz: „Cóż, w takim razie wypiję jeden z tych napojów ze słodzikiem bez kalorii". Niestety jest coraz więcej dowodów na to, że picie ich może prowadzić do stanu zapalnego jelit i zwiększać ryzyko otyłości (więcej na ten temat na stronie 136).

O wiele lepiej jest wytrenować kubki smakowe tak, by miały ochotę na coś mniej słodkiego. Gdy chce mi się pić, wybieram herbatę, kawę, herbatki ziołowe i wodę. Uwielbiam schłodzoną gazowaną wodę z dodatkami smakowymi, na przykład sokiem z cytryny czy limonki albo z plasterkiem ogórka.

Chociaż nie przepadam za sokami owocowymi czy smoothie, lubię jeść owoce, zwłaszcza jabłka i gruszki, które nie są aż tak słodkie. Jedną z ważnych różnic między jedzeniem jabłka w całości a piciem soku jabłkowego jest to, że jabłko zawiera o wiele więcej składników odżywczych i znacznie więcej błonnika, więc zostanie w żołądku na dłużej i nie odczujesz takiego mocnego uderzenia cukru. Niestrawione kawałki jabłka trafią też przez jelito cienkie do jelita grubego, gdzie będą stanowić pożywkę dla twoich dobrych bakterii. Więcej na ten temat później.

Morał z tego płynie taki, że zjedzenie jabłka zaspokoi głód, a picie soku jabłkowego sprawi, że staniesz się bardziej głodny i grubszy.

Alkohol

Skoro już jesteśmy przy napojach, to co z alkoholem? Co się dzieje, gdy wychylamy kieliszek wina albo kufel piwa? Alkohol, podobnie jak każdy inny napój, szybko wpływa do żołądka. Jeśli żołądek jest pusty, trunek podrażni błonę śluzową, sprawi, że naczynia krwionośne się rozszerzą, co przyspieszy wchłanianie alkoholu i spowoduje, że więcej dostanie się go do krwi.

Jeśli przed piciem coś zjadłeś – zwłaszcza coś tłustego – pokarm skutecznie osłoni twój żołądek i zadziała jak fizyczna bariera dla napitku. Wtedy alkohol, zamiast przenikać wprost do naczyń krwionośnych w żołądku, przepłynie przez zwieracz odźwiernika do jelita cienkiego.

W jelicie cienkim wchłania się większość alkoholu. Jeśli trafia on do krwi tą drogą, mija więcej czasu, zanim dotrze do krwiobiegu i do mózgu. Jeśli pijesz na pusty żołądek, mózg otrzyma największą dawkę alkoholu mniej więcej 30–60 minut później. Jeśli zjesz coś tłustego przed piciem, szczytowa dawka dotrze do mózgu nawet o godzinę później.

Alkohol wpływa na mózg, osłabiając ośrodki kontroli. Chociaż czasem odczuwamy to inaczej, alkohol nie jest substancją stymulującą. Kiedy za dużo wypiję, zwykle przez krótki czas bawię się bez zahamowań, a potem mam zjazd i wielką ochotę położyć się spać. Gdy wypiję więcej niż dwa kieliszki wina, prędko przestaję być dobrym towarzyszem rozmowy. Zatem by spowolnić picie, wypijam na zmianę kieliszek wina i szklankę wody.

Gdy alkohol znajduje się w twoim organizmie, wątroba zaczyna ciężką pracę nad jego rozłożeniem. Najpierw zmienia go w łagodnie toksyczną substancję – aldehyd octowy. Jest on potem przekształcany w ocet (kwas octowy), a w końcu w dwutlenek węgla i wodę.

To właśnie nagromadzenie aldehydu octowego (bardziej toksycznego od alkoholu) powoduje czerwienienie na twarzy i sprawia, że kac jest tak nieprzyjemny.

Wątroba może rozłożyć mniej więcej jedną standardową jednostkę alkoholu w godzinę (SJA – 10 gramów lub 12,5 mililitra czystego alkoholu etylowego, czyli mniej więcej 1 litr piwa na godzinę). Jeśli będziesz pić szybciej, wstawisz się. Jeśli często będziesz sporo pić, w końcu zniszczysz sobie wątrobę.

Moja żona nie pije zbyt dużo, co mi nie przeszkadza. Jeśli kobieta spróbuje doścignąć mężczyznę w piciu i wychylić tyle samo drinków co on, zwykle upija się mocniej i szybciej. Dzieje się tak po części dlatego, że kobiety są drobniejsze, ale także ponieważ mają w ciele mniej mięśni i więcej tłuszczu. Część alkoholu wchłaniają twoje mięśnie, co usuwa go z organizmu, ale tłuszcz po prostu nie miesza się z alkoholem.

Hormony również odgrywają rolę w metabolizmie alkoholu, a kobieta, która pije przed okresem, przekona się, że działa na nią mniejsza ilość alkoholu.

Czy mieszanie różnych trunków sprawia, że upijamy się bardziej? Mówiąc ogólnie, nie. To, jak bardzo się upijesz, zależy głównie od tego, ile alkoholu spożyjesz, chociaż wyjątkiem są tu alkohole gazowane. Jeśli postanowisz zacząć wieczór od kieliszka szampana (albo wina musującego), dwutlenek węgla zawarty w napoju otworzy zwieracz odźwiernika łączący żołądek z jelitem cienkim, co pozwoli alkoholowi szybciej trafić do krwiobiegu i szybciej cię upić.

Chociaż zrezygnowałem z soków owocowych, wciąż piję alkohol. Nie tylko dlatego, że go lubię – uważam też, że spożywany z umiarem może przynosić pewne korzyści zdrowotne.

Więcej na ten temat w dalszej części książki.

Teraz wróćmy do mojego żołądka.

Trawienie

Rozstaliśmy się z moim przewodem pokarmowym zaraz po tym, jak zjadłem stek, frytki i warzywa oraz wypiłem szklankę soku owocowego. Sok owocowy przepłynął przez żołądek, prawie się nie zatrzymując, a potem trafił do jelita cienkiego, gdzie doładował mnie cukrem. Mój drugi mózg, czyli jelitowy układ nerwowy, który kontroluje trawienie, uznał, że należy zatrzymać stały pokarm w żołądku, by go nieco przetworzyć.

Dzięki kamerze, którą mój żołądek wyraźnie uznał za twardy orzech do strawienia, mogłem obserwować przebieg fascynującego procesu. Stałe części pokarmu były wkrótce miażdżone przez mięśnie żołądka i równocześnie zalewane sokami trawiennymi (wydzielanie soków trawiennych następuje, gdy widzimy jedzenie, czujemy jego zapach, a nawet gdy o nim myślimy). To właśnie to połączenie ruchów i procesów chemicznych zmienia kęsy jedzenia w kremową papkę zwaną chymusem.

Kawałki zielonych warzyw przelatywały przed kamerą razem z mniej rozpoznawalnymi białymi kawałkami czegoś, co, jak sądziłem, musiało być mięsem – czekało je wkrótce rozłożenie na włókna. Warzywo, które zjadłem, jarmuż, jest bardzo włókniste, dlatego żołądkowi trudno było je przetworzyć. Z kolei frytki szybko zaczęły się rozpadać pod wpływem kwasu i enzymów. Zmienione w papkowatą masę jako pierwsze spośród stałych pokarmów trafiły do kolejnej części przewodu pokarmowego, jelita cienkiego.

Podobnie jak słodki napój, który wypiłem wcześniej, pokarmy takie jak makaron, ziemniaki, ryż i chleb zawierają mało błonnika i szybko zmieniane są w energię. Kiedy już dotrą do jelita cienkiego, są rozkładane i wchłaniane, by dostarczyć do krwi dużą dawkę cukru. Z kolei pokarmy bogate w białko, tłuszcz czy błonnik są przetwarzane i wchłaniane znacznie dłużej.

Ograniczenie spożycia szybko wchłanianych węglowodanów takich jak chleb, ziemniaki i ryż prawdopodobnie pomoże ci uniknąć skoków poziomu cukru we krwi, a zatem zapobiegnie tyciu i cukrzycy typu 2. Jak się jednak przekonamy, różni ludzie różnie reagują na tego typu pokarmy.

Warzywo, które zjadłem, zostało w żołądku zaskakująco długo, podobnie jak stek. Strawienie steku i wydobycie z niego składników odżywczych może zająć kilka godzin – właśnie dlatego mówi się, że mamy drugi żołądek, w którym mieści się deser.

Jeśli organizm nie skończył trawić głównego posiłku, mózg może myśleć: „Jestem głodny, pochłonąłbym jeszcze kawałek sernika". Jeśli będziesz jeść powoli, poświęcisz czas na spożycie posiłku i odczekasz jakiś czas po głównym daniu, poczujesz, że chęć na deser zaczyna mijać.

Warto jeść powoli również dlatego, że dzięki temu dajesz czas hormonom apetytu, by zaczęły działać.

Hormony apetytu

Żeby zmieścić duży posiłek, żołądek musi się rozciągnąć z rozmiaru pięści do czegoś, co bardziej przypomina wielkością twoją głowę – czyli mniej więcej 40-krotnie. Kiedyś uważano, że organizm reguluje wagę głównie za sprawą receptorów odpowiedzialnych za sygnał o rozciąganiu żołądka. Taki sygnał wysłany do mózgu to informacja, że żołądek jest pełen i czas zakończyć jedzenie.

Okazuje się jednak, że kontrolowanie apetytu wcale nie jest takie proste. Układ pokarmowy wysyła mnóstwo różnych sygnałów o głodzie, które odgrywają o wiele ważniejszą rolę w tym, ile jemy, niż te receptory.

Pośród różnych hormonów regulujących apetyt są takie, które wywołują głód, oraz takie, które mówią mózgowi, że się najadłeś.

Główny hormon wywołujący głód to grelina. Najłatwiej zapamiętać tę nazwę, kojarząc sylabę „gre" z „grzeszkami kulinarnymi". Wydzielana jest przez żołądek, gdy jest on pusty, i wędruje do części mózgu zwanej podwzgórzem. Tam wywołuje znajomą chęć jedzenia. Kiedy przechodzisz na dietę, poziom greliny zazwyczaj rośnie, przez co trudniej jest wytrwać w postanowieniu.

Hormony, które mówią ci, że się najadłeś, to między innymi leptyna produkowana przez komórki tłuszczu. Gdy zostanie wydzielona, mówi mózgowi, że masz już w ciele dość tłuszczu i nie ma potrzeby więcej jeść. Niestety kiedy przechodzisz na dietę, ograniczasz kalorie i zaczynasz zrzucać tłuszcz, komórki tłuszczowe reagują, zmniejszając produkcję leptyny, więc zaczynasz odczuwać głód.

Dawno, dawno temu wierzono, że prostym sposobem leczenia otyłości byłoby wstrzykiwanie leptyny osobom z nadwagą. Działało to dobrze na myszy, ale nie na ludzi. Problem polega na tym, że ludzie, którzy przez długi czas mają nadwagę, często zaczynają cierpieć na leptynooporność. W ich organizmach pływa mnóstwo leptyny krzyczącej: „Przestań jeść, masz już mnóstwo tłuszczu", ale ich mózgi już nie słuchają.

Coś podobnego dzieje się w przypadku cukrzycy typu 2. Jeśli żywisz się pokarmami bogatymi w cukry i węglowodany proste, na przykład makaronami i białym ryżem, poziom cukru we krwi będzie stale wzrastał. Trzustka reaguje na to, wydzielając insulinę, której zadaniem jest obniżenie poziomu cukru we krwi. Jednak podobnie jak w przypadku dzieci, na które ciągle się krzyczy, po jakimś czasie komórki przestają reagować na insulinę.

Trzustka produkuje jej coraz więcej, ale ma ona coraz mniejszy wpływ na poziom cukru we krwi. Zamiast tego insulina sprawia, że organizm przechodzi w tryb gromadzenia tłuszczu (to inne zadanie insuliny), odciągając dodatkowe kalorie od mięśni do komórek tłuszczowych. Gdy wzrasta poziom insuliny, robisz się bardziej głodny, zmęczony i oczywiście grubszy. Może się to skończyć nawet cukrzycą typu 2 i koniecznością zażywania leków.

Na szczęście istnieją inne hormony, których zadaniem jest hamowanie apetytu. Jeden z nich to peptyd YY, wytwarzany w różnych miejscach, między innymi w żołądku i jelicie cienkim.

Jego poziom wzrasta po jedzeniu, co pomaga, bo peptyd YY nie tylko hamuje apetyt, ale opóźnia też wypróżnienie, co daje jelitom więcej czasu na wchłonięcie zjedzonych składników odżywczych.

Dobra wiadomość jest taka, że ludzie z nadwagą najwyraźniej nie przestają na niego reagować w przeciwieństwie do leptyny. Niestety próby stworzenia leku opartego na peptydzie YY nie były udane, głównie ze względu na zbyt silne skutki uboczne, między innymi mdłości.

Możesz naturalnie zwiększyć poziom peptydu YY, jedząc białko. Właśnie dlatego na śniadanie często zjadam jajka albo ryby (dzięki temu, że zawierają dużo białka, czuję przyjemną sytość i unikam głodu przez znacznie dłuższy czas niż wtedy, gdy spożyję tyle samo kalorii w formie płatków lub tostów).

Możesz też wspomóc działanie peptydu YY, jedząc wolniej. Potrzeba czasu, by pokarm, który spożywasz, dotarł przez żołądek do jelita cienkiego, a potem aktywował komórki uwalniające hormon. Jeśli szybko pałaszujesz posiłek, zjesz znacznie więcej niż wtedy, gdy robisz to bez pośpiechu. Jeśli możesz, jedz przy stole, a nie w biegu. Postaraj się odłożyć nóż i widelec w trakcie posiłku i daj czas komórkom wytwarzającym peptyd YY, by ruszyły do akcji.

Jak już wspomniałem, jednym z przykrych skutków przejścia na dietę jest to, że gdy zrzucamy tłuszcz, wzrasta poziom hormonu głodu, greliny. Równocześnie spada poziom hormonu hamującego apetyt, czyli peptydu YY. Organizm stara się zatrzymać tłuszcz, sabotując próby pozbycia się go. Jest to odziedziczony po naszych przodkach uciążliwy bagaż z czasów, kiedy gruba warstwa tłuszczu była jak pieniądze w banku – pomagała przetrwać ciężkie czasy, gdy nie było zbyt dużo jedzenia.

Fakt, że organizm tak niechętnie rezygnuje z tłuszczu, doprowadził do powstania pesymistycznych twierdzeń na temat diet, na przykład: „95% diet nie działa" albo „większość ludzi nie jest w stanie schudnąć i utrzymać zdrowej wagi".

Chociaż często wspomina się o tych 95%, jest to zmyślona liczba, podobnie jak ta w twierdzeniu, że wykorzystujemy tylko 10% mózgu. Próbowałem znaleźć wiarygodne potwierdzenie tej tezy, ale zwyczajnie nikt tego nie dowiódł.

Owszem, istnieje wiele diet, które nie działają – zwłaszcza diety niskotłuszczowe, które przez lata intensywnie promowano. Są też jednak inne (na przykład dieta śródziemnomorska), które dają niezłe wyniki.

Długoletnie badania na temat sposobów żywienia opartych na diecie śródziemnomorskiej (pasjonuje mnie ona z różnych powodów – jeśli chcesz dowiedzieć się więcej na jej temat, zajrzyj do mojej książki *Obniż cukier w 8 tygodni*) wykazały, że chociaż mniej więcej po sześciu miesiącach od ukończenia programu można z powrotem przybrać parę kilo, to jeśli uda się utrzymać zdrową wagę przez rok, są duże szanse, że sytuacja ta będzie trwać przez wiele lat[2].

Potwierdza to niedawne badanie przeprowadzone na Uniwersytecie Kopenhaskim. Sprawdzano wówczas, co na dłuższą metę dzieje się z naszymi hormonami apetytu[3].

Naukowcy poprosili 20 zdrowych, ale otyłych osób o spożywanie 800 kalorii dziennie przez osiem tygodni. Ochotnicy zrzucili średnio 13% masy ciała. Następnie zaangażowano ich w roczny program, który obejmował wsparcie psychologiczne i pomoc w zmianie stylu życia. Wbrew powszechnemu błędnemu przekonaniu uczestnikom udało się zachować zdrową wagę. Wszystkim pobrano krew i zmierzono poziom hormonów apetytu przed utratą masy ciała i po upływie roku.

Naukowcy odkryli nie tylko, że poziom hormonu wywołującego głód, greliny, wrócił do normy, ale także że pod koniec badania poziom hormonu hamującego łaknienie, peptydu YY, był o 36% wyższy niż na początku.

Badanie to pokazuje, że jeśli przez jakiś czas jesteś w stanie utrzymać zdrową wagę (możesz potrzebować na to nawet całego roku), to organizm w końcu zaakceptuje ją i uzna za normalną.

„Na tym etapie – zaznacza doktor Torekov z Uniwersytetu Kopenhaskiego – organizm już z tobą nie walczy, ale współpracuje, a to dobrze dla każdego, kto stara się stracić na wadze".

Operacja żołądka

Zawsze zachęcam ludzi, by próbowali stracić na wadze, zmieniając sposób żywienia, jednak jest też alternatywna metoda zyskująca coraz większą popularność – operacja żołądka. Skurczenie żołądka niemal na pewno doprowadzi do utraty wagi, ale nie jest to zabieg dla ludzi o słabych nerwach.

Widziałem w swoim życiu tylko jedną taką operację i to mi wystarczyło.

Poznałem pacjenta, 34-letniego Boba, tuż przed operacją. Bob miał bardzo dużą nadwagę i rzadko czuł się syty, niezależnie od tego, jak dużo zjadł. Mówił: „Jem śniadanie złożone z tostów i miski płatków.

Na lunch zwykle zjadam kilka placków chapati z kurczakiem albo warzywnym curry. Jeśli po lunchu ciągle czuję się głodny, jem kolejną miskę płatków albo ciastka zbożowe. Wieczorem jem frytki, burgera, a później kanapkę. Jeśli ciągle mam na coś ochotę, kupuję dużą paczkę chipsów i zaczynam je chrupać. Po prostu nie mogę się najeść. Mam ochotę zjeść wszystko".

Sześć lat wcześniej miał poważny problem zdrowotny, który go wystraszył. „Leżałem sobie w domu, a po chwili poczułem potworny ból w szczęce i ramieniu. Od razu wiedziałem, że coś jest nie tak. Pojechałem do szpitala i usłyszałem, że właśnie przeszedłem zawał serca. Miałem wtedy tylko 28 lat, byłem młody – a mimo to miałem zawał. Byłem załamany".

Bob przeszedł na dietę niskotłuszczową, ale nie zdołał schudnąć. Zachorował też na cukrzycę typu 2. Mając nadzieję, że uda mu się odzyskać zdrowie, zwrócił się do chirurga bariatrycznego.

Istnieje wiele rodzajów operacji odchudzających. Najprostsze jest założenie opaski żołądkowej – chirurg zakłada w górnej części żołądka nadmuchiwaną silikonową obręcz, która ogranicza możliwości rozszerzania się tego narządu. W USA operację proponuje się osobom z BMI między 30 a 40 lub takim, które mają cukrzycę typu 2 albo wysokie ciśnienie.

Chodzi o to, by ograniczyć ilość jedzenia, którą jesteś w stanie spożyć za jednym razem, co daje komórkom wydzielającym peptyd YY czas na reakcję i wysłanie informacji, że jesteś najedzony. To dosyć nieinwazyjna i odwracalna operacja.

Jednak chirurg zajmujący się Bobem uważał, że pacjent potrzebuje czegoś więcej, więc zdecydował się na bypass żołądkowy – operację, która nie tylko zmniejsza rozmiar żołądka, ale też zmienia ułożenie części jelita cienkiego. Jest skuteczniejsza, ale też bardziej niebezpieczna. U niektórych pacjentów dochodzi do blokady, która wymaga kolejnej operacji, inni z kolei zmagają się z zespołem poresekcyjnym objawiającym się mdłościami, przyspieszonym biciem serca i biegunką.

Niedawne badania wykazały, że osoby, które poddały się operacji bypassu żołądka, więcej straciły na wadze, a dwóm trzecim z nich udało się odwrócić przebieg cukrzycy typu 2 w porównaniu z jedną trzecią pacjentów z założoną opaską żołądkową.

Podczas pierwszej części operacji Boba patrzyłem, jak chirurg formuje z żołądka małą torebkę, zmniejszając jego wielkość z rozmiaru pięści do wielkości małego palca. Część żołądka wydzielająca grelinę została oddzielona, co miało spowodować stały spadek poziomu tego hormonu.

Druga część operacji obejmowała przymocowanie zmniejszonego organu do niższej części jelita cienkiego – jelita krętego. Komórki w jelicie krętym wydzielają peptyd YY. Ponieważ jelito kręte Boba było o wiele bliżej żołądka, komórki wytwarzające peptyd YY miały „widzieć" jedzenie i wydzielać hormon mniej niż pięć minut po tym, jak pokarm opuścił żołądek.

W ciągu sześciu tygodni po operacji Bob schudł ponad 20 kilo, a poziom cukru w jego krwi wrócił do normy mimo odstawienia leków. Bob zauważył, że nie odczuwa już nieustannego głodu – najadał się nawet małymi porcjami.

„Zjadłem kęs burgera i nie mogłem więcej przełknąć. Trzymam się diety. Cieszy mnie to i potrafię w tym wytrwać. Rodzina jest zadowolona, ja też, nie mogę się doczekać, kiedy zrzucę kolejne kilogramy".

PODSUMOWANIE

- Trawienie to skomplikowany proces zarządzany przez twój drugi mózg – ten, który ciągnie się przez całą długość twoich jelit.
- Kiedy spożywasz posiłek, płyny jako pierwsze przelatują przez żołądek i są wchłaniane. To wspaniałe, jeżeli pije się wodę, herbatę lub kawę (bogatą w antyoksydanty), ale fatalne, jeśli w napoju jest dużo cukru. Wtedy fundujesz sobie nadmiar kalorii, a do tego czekają cię skoki poziomu cukru i szybki nawrót głodu.
- Nie tylko słodkie napoje, ale też łatwe do strawienia węglowodany, na przykład chleb, ziemniaki i ryż, są szybko rozkładane i wchłaniane. Może się wydawać, że lekkostrawność to zaleta, jednak o ile nie potrzebujesz energii natychmiast (bo będziesz wykonywać intensywne ćwiczenia), takie potrawy spowodują też skok poziomu cukru we krwi, a potem jego gwałtowny spadek.
- Pokarmy bogate w białko, tłuszcz lub błonnik (jajka, mięso, warzywa, pełne ziarna) są wchłaniane o wiele wolniej i na dłużej zaspokoją głód. Zwłaszcza jedzenie dużej ilości błonnika, szczególnie gdy jego źródłem są warzywa i ziarna, odgrywa ważną rolę w odżywianiu dobrych bakterii zamieszkujących jelito grube. W dalszych częściach książki dowiesz się więcej o naszych „starych przyjaciołach" i o tym, jak ich uszczęśliwić.

2

PODRÓŻ PRZEZ JELITO CIENKIE... I DALEJ

Gdy już miniemy żołądek, docieramy do jelita cienkiego. Jelito cienkie nie jest wcale małe – ma długość od trzech do dziesięciu metrów. To właśnie tutaj przewód pokarmowy naprawdę zaczyna pracę nad jedzeniem, które zmieniło się w żołądku w papkowaty chymus – płynną masę złożoną z soków trawiennych i częściowo strawionego jedzenia. Co kilka sekund powierzchnia jelita cienkiego unosi się w konwulsjach, gdy mięśnie falują w ruchu zwanym perystaltyką. Fale te służą mieszaniu małych porcji jedzenia dostarczanego z żołądka do jelit w kontrolowany sposób. Ważne, by były one dobrze skoordynowane, inaczej może dojść do poważnych blokad.

Gdy ciasno zbite fałdy na ścianie jelita cienkiego mieszają chymus gorączkowymi ruchami, do jelita zaczynają się wlewać enzymy trawienne z trzustki i woreczka żółciowego. Enzymy te rozkładają jedzenie tak samo, jak enzymy w proszku do prania rozkładają brud. Dzięki nim organizmowi łatwiej wchłonąć składniki odżywcze. Kawałki jedzenia, których organizm nie jest w stanie strawić, są odsyłane niżej, wygłodniałym mikroorganizmom, które kryją się w jelicie grubym. W jelicie cienkim jest trochę mikroorganizmów, ale znajdują się one bardzo nisko.

Kamera w pigułce, którą połknąłem, przegapiła okazję na uchwycenie znacznej części tego ekscytującego trawiennego szału, bo mój zwieracz odźwiernika, ten wybredny bramkarz pilnujący wejścia do jelita cienkiego, uparcie odmawiał przepuszczenia jej do czasu, aż trafiło tam prawie całe jedzenie. Pomyślałem, że to oznaka zadziwiającej inteligencji ciała (przecież nie powinniśmy wpuszczać wszędzie kamerzystów), ale było to frustrujące.

W końcu jednak po raz pierwszy zobaczyłem wnętrze swojego jelita cienkiego. Przypomniała mi się niedawna wycieczka, podczas której nurkowałem w zatoce pełnej wodorostów. W jelicie było mrocznie, wokół pływały kawałki częściowo strawionego jedzenia. W przeciwieństwie do względnie gładkiej powierzchni żołądka ta część jelita pokryta jest milionami kosmków, małych wypustek w kształcie palców, które nadają jej wygląd puszystego ręcznika. Ich celem jest zwiększenie powierzchni jelit, a co za tym idzie – obszaru służącego wchłanianiu składników odżywczych.

Często twierdzi się, że kosmki zwiększają powierzchnię jelit do rozmiaru kortu tenisowego, ale czy to prawda? Grupa nieustraszonych Szwedów z Uniwersytetu w Göteborgu postanowiła to sprawdzić[4].

Pobrali próbki jelit od zdrowych ochotników, zbadali je pod mikroskopem, policzyli kosmki, a na ich podstawie – powierzchnię, pomnożyli wartość przez długość jelita cienkiego i uzyskali wynik... 30 metrów kwadratowych. Wniosek?

„Łączna powierzchnia błony śluzowej jelit u dorosłego człowieka nie ma wielkości kortu tenisowego, ale raczej połowy boiska do badmintona".

Może przypomnisz to sobie, kiedy następnym razem będziesz grać w badmintona.

Częste choroby jelita cienkiego

Celiakia i nadwrażliwość na gluten

Ważną rolę kosmków rozumieją ludzie, którzy mieli pecha zachorować na celiakię. Jest to choroba autoimmunologiczna polegająca na tym, że układ odpornościowy, który powinien chronić organizm przed infekcją, zaczyna atakować i niszczyć zdrową tkankę – w tym przypadku kosmki jelitowe.

Przyczyną tego zniszczenia jest gluten, a raczej gliadyna, jedno z tworzących go białek.

Źródłem glutenu są zboża, na przykład pszenica, jęczmień i żyto, chociaż występuje on też w większości żywności przetworzonej, między innymi w sosie sojowym.

Jeśli piekłeś kiedyś chleb, to wiesz, że gdy wymiesza się mąkę z wodą, powstaje lepka papka. To gluten zawarty w mące odpowiada za lepkość (po łacinie słowo „gluten" oznacza klej) i nadaje ciastu elastyczność, co pomaga mu rosnąć, gdy się piecze.

To dzięki glutenowi chleb jest taki pyszny, ale u niektórych osób wywołuje on też reakcję układu odpornościowego. Kiedy zjadasz gluten, układ odpornościowy atakuje nie tylko cząsteczki gliadyny, ale też błonę śluzową jelit. Skutkuje to stanem zapalnym, który może prowadzić do bólu, biegunki, wzdęć i zmęczenia. A może, jak połowa osób cierpiących na tę chorobę, wcale nie odczuwasz objawów związanych z przewodem pokarmowym – po prostu od wielu lat czujesz się zmęczony lub wręcz wyczerpany.

Moja bratanica cierpi na celiakię. Objawy pojawiły się u niej, gdy miała zaledwie kilka lat. Była zmęczona, cherlawa, nie miała apetytu i generalnie brakowało jej energii. Mój zaniepokojony brat i jego żona zabrali ją do pediatry, który zapewnił, że nie ma się czym martwić. Bratowa niedawno urodziła drugą córeczkę i z sobie tylko znanych przyczyn lekarz uznał, że dolegliwości starszej dziewczynki to wynik rywalizacji z siostrą. Powiedział, że nie ma potrzeby tego badać. Na szczęście brat i bratowa postanowili zwrócić się do innego lekarza. Badania wykazały, że dziewczynka ma celiakię.

Samo badanie jest dosyć proste. Pobiera się krew i szuka w niej przeciwciał, a jeśli wynik jest pozytywny, może być konieczna biopsja jelita cienkiego.

Wokół celiakii narosło wiele mitów. Oto kilka zaskakujących faktów:

1. *To powszechna choroba.*

   Na celiakię cierpi mniej więcej 1% ludzi, lecz w ostatnich latach liczba zachorowań wzrosła. Niestety choroba często pozostaje niezdiagnozowana. Jak podaje Celiac Disease Center Uniwersytetu w Chicago, „w USA żyją z celiakią co najmniej trzy miliony osób, większość z nich bez diagnozy". Zwykle potrzeba czterech lat, by u kogoś z objawami choroby właściwie ją zdiagnozowano, a ten długi czas „gwałtownie zwiększa ryzyko wystąpienia innych chorób autoimmunologicznych, problemów neurologicznych, osteoporozy, a nawet raka".

   Szacuje się, że w Wielkiej Brytanii jest co najmniej 500 tysięcy osób z celiakią, które nie wiedzą, że na nią cierpią, choć od lat chodzą do lekarzy z dolegliwościami jelitowymi. Organizacja Coeliac UK podaje, że średni czas wymagany do uzyskania właściwej diagnozy to 13 lat.

2. Choroba często zaczyna się u ludzi w średnim wieku.

Chociaż wydaje nam się, że to dziecięca choroba, najczęściej diagnozuje się ją u ludzi w wieku od 40 do 60 lat. Niezdiagnozowana celiakia to dość częsta przyczyna niepłodności oraz problemów jelitowych.

3. Nawet jeśli test dał negatywny wynik, możesz mieć problem.

Wiele osób, choć nie ma celiakii, cierpi na nieceliakalną nadwrażliwość na gluten (NNG). Objawy to między innymi skurcze, wzdęcia i biegunka. Niestety trudno jest ją zdiagnozować, bo nie ma godnych zaufania badań. Diagnozę uzyskuje się, wykluczając inne możliwości.

Jak często występuje ta choroba? Niedawno włoscy naukowcy zbadali 392 pacjentów, którzy skarżyli się na dolegliwości po spożyciu glutenu[5]. Badacze odkryli, że 26 spośród 392 osób (6,6%) ma niezdiagnozowaną celiakię, a dwie (0,5%) mają alergię na pszenicę. U pozostałych wprowadzono dietę bezglutenową i przyglądano im się przez dwa lata. Osoby, u których po sześciu miesiącach objawy zniknęły (27 uczestników – 6,9%), uznano za cierpiące na NNG. Okazało się zatem, że 14% spośród ludzi, którzy uważali, że nie tolerują glutenu, miało albo celiakię, albo NNG.

Ale co z resztą? Skarżyli się na problemy z glutenem, bo mieli halucynacje? Zawsze sceptycznie podchodziłem do twierdzeń, że gluten szkodzi wielu osobom. W końcu pszenicę jemy od tysięcy lat. Potem jednak wziąłem udział w odkrywczym eksperymencie zorganizowanym przez Uniwersytet w Worcester.

Badanie wykonano na potrzeby serialu telewizyjnego. Zrekrutowaliśmy 60 ochotników, w tym takich, którzy uważali, że mają problem z glutenem, oraz takich, którzy sceptycznie podchodzili do szkodliwości glutenu. Poprosiliśmy ich, by na sześć tygodni przeszli na dietę bezglutenową i notowali czas wystąpienia dolegliwości trawiennych takich jak wzdęcia czy mdłości. Wykonaliśmy też liczne badania krwi.

Nasz podstęp polegał na tym, że dostarczany uczestnikom makaron bezglutenowy na dwa tygodnie zastąpiliśmy makaronem bogatym w gluten.

W żadnym z wyników badań, w których szukaliśmy na przykład objawów stanów zapalnych, nie zauważyliśmy zmian. Jednak – i to było dla mnie zaskoczeniem – większość naszych uczestników zgłosiła znacznie silniejsze gazy i wzdęcia podczas tygodni, gdy przemycaliśmy do ich jadłospisów makaron glutenowy. Te problemy zanikały, gdy tylko go wykluczaliśmy. Kiedy ujawniliśmy wyniki, wiele osób, w tym byli sceptycy, postanowiło pozostać przy diecie bezglutenowej.

Do tej pory jestem skołowany. Z jednej strony nadal bardzo sceptycznie podchodzę do nietolerancji pokarmowych. Niedawno rozesłałem próbki swoich włosów i krwi do różnych firm, które twierdzą, że potrafią wykryć takie problemy, i wszystkie odesłały mi długą listę pokarmów (jaja, pszenica, mleko, brokuły i tak dalej), których podobno nie powinienem jeść. Jednak żadna z list nie pokrywała się z pozostałymi, a w niektórych przypadkach, gdy wysłałem kilka próbek pod różnymi nazwiskami, wróciły do mnie z różnymi zaleceniami.

Myślę więc, że w mówieniu o nietolerancjach pokarmowych jest sporo bredni. Uważam też jednak, że współczesna nauka nie jest w stanie wykryć przyczyn ostrych reakcji na niektóre pokarmy.

Niedawno poznałem Kathy, uczennicę, która dawniej uwielbiała pizzę, herbatniki i tosty. Często chorowała i miała wzdęcia, ale myślała, że taki już los dorastającej dziewczyny.

Odczuwała też tak zwaną mgłę mózgową i często była w kiepskim humorze, ale przypuszczała, że to przez hormony. Gdy pojawiły się u niej bóle stawów, lekarz powiedział jej, że to bóle wzrostowe.

Kiedy dolegliwości bardzo się nasiliły, a do tego doszły bóle głowy, wpisała swoje objawy w Google i przeszła na dietę bezglutenową. Po kilku dniach wszystkie objawy zniknęły. Dała sobie kilka tygodni, potem spróbowała zjeść makaron i wszystkie dolegliwości wróciły ze zdwojoną siłą.

Kathy ma negatywny wynik badania na celiakię, nie jest też uczulona na pszenicę (jest to szczególnie istotne, jeśli ma się krewnego z celiakią, ponieważ ważną rolę odgrywa tu czynnik genetyczny), zatem teraz stosuje dietę eliminacyjną i planuje nie jeść glutenu przez sześć miesięcy, po czym spróbuje znowu.

Wykluczenie glutenu nie jest łatwe, ponieważ występuje on w wielu pokarmach. Na diecie bezglutenowej należy unikać wszystkiego, co zawiera pszenicę, żyto, jęczmień czy orkisz – pieczywa, makaronów, płatków, ciast, herbatników i tak dalej. Trzeba też odstawić piwo i uważnie czytać etykiety, ponieważ wiele przetworzonych pokarmów zawiera gluten. Nawet w dressingu sałatkowym często występuje jęczmień.

Szczerze mówiąc, wykluczenie wymienionych pokarmów i tak pewnie pomoże ci schudnąć oraz poczuć się lepiej. Wiedz jednak, że wiele produktów oznaczanych jako bezglutenowe zawiera mnóstwo cukru i innego syfu, który nadaje im znośny smak.

Pamiętaj także, że pieczywo i płatki śniadaniowe często są wzbogacane żelazem i różnymi witaminami, więc jeśli wyeliminujesz je z diety, może ci się przydać multiwitamina.

Nietolerancja laktozy

Nietolerancja laktozy to kolejny powszechny problem trawienny, który zaczyna się w jelicie cienkim. Laktoza to naturalny cukier występujący w mleku i nabiale.

Kiedy jesteśmy młodzi, jelito cienkie wydziela mnóstwo laktazy, enzymu rozkładającego laktozę na glukozę i galaktozę. To dwa rodzaje cukru wchłaniane do krwiobiegu.

Wiele osób traci zdolność wytwarzania tego enzymu, gdy dorasta, więc laktoza przepływa przez jelito cienkie niestrawiona. W jelicie grubym na laktozę rzucają się bakterie, które zmieniają ją w kwasy tłuszczowe i gazy takie jak dwutlenek węgla, wodór i śmierdzący metan. To właśnie one wywołują powszechne objawy nietolerancji laktozy, czyli wiatry i wzdęcia.

Najprostszym sposobem sprawdzenia, czy rzeczywiście nie tolerujesz laktozy, jest zastosowanie diety eliminacyjnej podobnej do tej wykluczającej gluten – wspomniałem o niej wyżej (więcej na ten temat w części II). Istnieją też inne, bardziej egzotyczne i droższe sposoby, na przykład wodorowy test oddechowy czy badanie pH kału.

Zespół jelita drażliwego (IBS)

Zespół jelita drażliwego to kolejna niezwykle powszechna choroba przewodu pokarmowego – na jakimś etapie życia zapada na nią mniej więcej jedna na pięć osób. Objawy to między innymi skurcze w brzuchu, wzdęcia oraz biegunka albo zaparcia. Mogą się utrzymywać przez jakiś czas, a potem często ulegają zaostrzeniu, gdy ludzie dobijają trzydziestki.

Dave ma 32 lata. Od wielu lat cierpi na zaparcia, regularnie występują u niego wzdęcia i niedawno zaczął niepokojąco szybko tyć. Pojawił się też u niego refluks – kwaśna treść żołądkowa cofa mu się do przełyku.

Dave nazywa swój dawny sposób żywienia beżową dietą. Na śniadanie jadł płatki lub tosty, na lunch – kanapki, a na kolację makaron, pizzę lub rybę z frytkami. Wieczorne posiłki często przygotowywał w pośpiechu. Były bogate w węglowodany i zjadane późnym wieczorem przed telewizorem.

Poszedł do lekarza, ten zaproponował mu leki, ale nie pomogły. Wtedy udał się do Tanyi Borowski, terapeutki żywieniowej. Ma ona duże doświadczenie w leczeniu ludzi cierpiących na IBS i właśnie dlatego poprosiłem ją o stworzenie przepisów do tej książki.

Tanya zaleciła Dave'owi proste zmiany w stylu życia, między innymi ograniczenie alkoholu, powolne jedzenie lunchu i unikanie posiłków późnym wieczorem. Poprosiła go też, by przynajmniej cztery noce w tygodniu kładł się do łóżka przed 22.30. W końcu zaproponowała mu dwuetapowy program, który sprawdza się w przypadku większości osób z IBS (zob. strona 167).

Zasugerowała, by na cztery tygodnie wykluczył z diety pszenicę i zastąpił ją zbożami trudniejszymi do strawienia, ograniczył węglowodany powodujące wzdęcia oraz zrezygnował z nabiału. Równocześnie zaleciła włączenie do jadłospisu kolorowych pokarmów (zob. strona 109) i wypijanie przed każdym posiłkiem wody z łyżką octu jabłkowego. Uznała, że Dave skorzysta też na jedzeniu gorzkich zielonych warzyw, które pobudzą jego soki trawienne. Aby złagodzić zaparcia, podała mu cytrynian magnezu i triphalę, tradycyjny ajurwedyjski lek ziołowy.

Po czterech tygodniach trzymania się (z grubsza) tych zaleceń Dave schudł cztery kilogramy i czuł się o wiele lepiej. Refluks i wzdęcia zniknęły. Nadszedł więc czas na ponowne wprowadzenie wykluczonych pokarmów. Dave zaczął na nowo jeść ser, ale tym razem ten dobry (zob. strona 125), a ponadto pełnotłusty jogurt i żywność fermentowaną (zob. strona 126). Tanya dała mu także probiotyk (zob. strona 132).

Po kilku kolejnych tygodniach Dave całkowicie uwolnił się od symptomów i był gotów podbijać świat.

Metoda, którą właśnie opisałem, prawdopodobnie zadziała na większość osób z łagodnym IBS, ale jeśli tak nie będzie albo jeśli twoja choroba ma ostrzejszy przebieg, konieczne może być wytoczenie cięższych dział. Obecnie najlepiej zbadana metoda leczenia IBS opracowana została na Monash University w Australii. Znana jest jako dieta FODMAP. Jeśli cię to interesuje, zajrzyj na stronę uniwersytetu, by uzyskać więcej informacji (https://www.monash.edu/medicine/ccs/gastroenterology/fodmap).

FODMAP to skrót od *fermentable oligo-, di-, monosaccharides and polyols* – fermentujących oligo-, di- i monosacharydów oraz polioli. Są to węglowodany, które u części osób powodują problemy trawienne. Metoda FODMAP polega na wykluczeniu ich wszystkich, a potem stopniowym wprowadzaniu na nowo. To skomplikowana dieta, którą najlepiej stosować z pomocą dietetyka wyszkolonego w zakresie tej metody. Odwiedź naszą stronę, cleverguts.com, by łatwiej znaleźć specjalistę od FODMAP.

Wyrostek robaczkowy

Gdy wędrujemy jelitem w dół, docieramy do wyrostka robaczkowego – ma on kształt odpowiadający nazwie i znajduje się tuż pod miejscem, gdzie jelito cienkie łączy się z grubym. Większość osób wie, co to jest wyrostek robaczkowy głównie dlatego, że znają kogoś, komu go wycięto z powodu infekcji (zapalenie wyrostka robaczkowego).

Ludzie długo myśleli, że wyrostek robaczkowy to marnotrawstwo przestrzeni, pozostałość po naszych dawnych przodkach. Teraz wiemy, że tak naprawdę stanowi zbiornik dobrych bakterii gotowych, by ruszyć do akcji na przykład po ostrym zatruciu pokarmowym.

Wyobraź sobie, że zjadłeś coś podejrzanego i twoje jelita zostały zakażone paskudnymi zarazkami. Organizm uruchomi silną reakcję immunologiczną, a także postara się wypłukać wroga, zalewając jelita płynem. Ty odczujesz to jako gwałtowną biegunkę.

Gdy jelita zostaną już oczyszczone, organizm będzie chciał jak najszybciej na nowo zasiedlić je dobrymi bakteriami, by zapobiec ich przejęciu przez kolejne wrogie oddziały. Może mu w tym pomóc wyrostek robaczkowy. Jest jak Arka Noego w twoim wewnętrznym świecie – gotowa do ponownego zasiedlenia jelit, gdy opadną wody.

PODSUMOWANIE

- Choroby jelita cienkiego są powszechne i często trudno je zdiagnozować.
- Celiakia dotyka 1% ludzi i często nie jest diagnozowana aż do wieku średniego. Badania wskazują, że obecnie występuje cztery razy częściej niż 50 lat temu.
- Rośnie też liczba osób z nietolerancją glutenu. W jej przypadku nie ma niezawodnych badań diagnostycznych, a jedynym sposobem sprawdzenia, czy się na nią cierpi, jest dieta eliminacyjna.
- Zespół jelita drażliwego dotyka jedną na pięć osób. Najlepsza metoda leczenia to zmiana sposobu żywienia.

3

KRÓLESTWO MIKROBIOMU

W ciągu ośmiu długich godzin, odkąd połknąłem kamerę w Muzeum Nauki, przebyła ona tylko pięć metrów. Chociaż część publiczności się wykruszyła, przyszli kolejni widzowie. Mniej więcej o 18.00 zostali nagrodzeni widokiem z kamery, która w końcu wydostała się z jelita cienkiego i dotarła do rozległych przestrzeni jelita grubego, krainy legendarnego mikrobiomu.

Tutaj po raz pierwszy napotkaliśmy obce gatunki, które kształtują nasze życie pod wieloma zaskakującymi względami. Oczywiście przedtem wiele razy widywałem krewnych swojego mikrobiomu – w końcu 60% kału to bakterie z jelita grubego, a przecież każdy od czasu do czasu przygląda się swojej kupie. Ale nigdy wcześniej nie oglądałem ich w środowisku naturalnym.

Mikrobiom w jelitach składa się głównie z bakterii, są tam też jednak grzyby, wirusy i proste, prymitywne zwierzęta, na przykład pierwotniaki. Razem tworzą cudownie złożony ekosystem. Właśnie te stworzenia najbardziej chciałem poznać.

Są ich biliony, więc kamera nie mogła oczywiście wyłapać ich osobno, zaczęła za to napotykać małe, ciemne kawałki tego, co w branży nazywa się stolcem uformowanym.

Mikrobiom można porównać do małego, ale niezwykle złożonego lasu deszczowego. Pulsuje życiem setek rywalizujących i współistniejących ze sobą gatunków. Kiedyś myśleliśmy, że mają one dość proste zadania: chronić jelita przed atakami, zajmować się syntezą niektórych witamin, na przykład witaminy K, której organizm sam nie produkuje, oraz wytwarzać brzydkie zapachy podczas pochłaniania błonnika, substancji, której nie potrafimy strawić. Teraz wiemy, że robią o wiele więcej.

Jak wspomniałem we wstępie, znamy trzy niezwykle ważne zadania mikrobiomu:

1. Reguluje on wagę ciała. Jak się za chwilę przekonamy, mikroorganizmy mogą decydować o tym, ile energii uzyskuje organizm ze spożywanego jedzenia. Czy mikrobiom może cię utuczyć? Jak najbardziej.

2. Mikrobiom nie tylko chroni jelita przed najeźdźcami, ale też reguluje pracę układu odpornościowego. Zmiana rodzajów bakterii w jelitach może sprawić, że będziesz mniej podatny na przeziębienia, a także zmniejszyć wpływ licznych chorób autoimmunologicznych i alergicznych na twoje życie.

3. Mikrobiom gromadzi składniki jedzenia, których nie może strawić organizm, a potem przekształca je w hormony i inne substancje chemiczne. Dziedzinę zajmującą się tym, jak istoty w jelitach wpływają na nasze mózgi, nazywamy psychobiotyką. Jest to jeden z najciekawszych obszarów aktualnych badań nad mikrobiomem.

W kolejnym rozdziale opowiem, co możesz zrobić, by zapewnić zdrowie sobie i swojemu mikrobiomowi. Uzasadnię też niektóre pojawiające się w tym rozdziale twierdzenia, które z pozoru mogą być dość szokujące. Najpierw jednak poznajmy paru „starych przyjaciół" zamieszkujących twoje jelita.

Nasi „starzy przyjaciele"

Mikroorganizmy nie mają kłów ani pazurów, nie mówiąc już o rękach czy nogach. Mimo to są genialnymi chemikami. Potrafią z prostych substancji - węgla czy siarki - stworzyć liczne i różnorodne związki chemiczne. Wykorzystują te umiejętności, by wydobywać jedzenie z zaskakujących miejsc (bakterie mogą żyć na skałach i odpadach radioaktywnych), niszczyć konkurencję (pierwsze antybiotyki, na przykład penicylina, wytwarzane były przez grzyby) oraz aby nami manipulować. Mikroorganizmy zamieszkujące jelita to jedni z największych geniuszy w dziedzinie chemii.

Chociaż w twoich jelitach żyją, rozmnażają się i umierają setki różnych gatunków bakterii, do niedawna zidentyfikowanie większości z nich było niemożliwe. Poza ciepłym, pozbawionym powietrza środowiskiem jelit nie mogą się one rozwijać. Wydobycie ich stamtąd byłoby jak wyciągnięcie ryby na brzeg z nadzieją, że będzie się cieszyć świetnym zdrowiem. Zatem chociaż każdy z nas spłukiwał w toalecie miliardy bakterii, naukowcy nie byli w stanie zbyt wiele zrobić z tym wartościowym materiałem.

Potem nadeszła rewolucja genetyczna, dzięki której mogliśmy znaleźć ślady bakterii, przyglądając się fragmentom ich DNA. Przypomina to pobieranie przez policję próbek do badania DNA, które pozwala zidentyfikować przestępcę po opuszczeniu przez niego miejsca zbrodni. Zamiast polegać na naocznych świadkach, policjanci mogą pobrać kroplę krwi mordercy, a następnie stworzyć jego profil genetyczny.

Naukowcy wiedzą, które bakterie powinny się znajdować w twoich jelitach i mogą skojarzyć to, co znajdą w twojej kupie, z danymi w ogromnej bazie swoich podejrzanych. Istnieje obecnie kilka firm, między innymi British Gut, American Gut oraz uBiome, które wykonują analizę mikrobiomu za mniej niż 100 funtów i przesyłają raport z wynikami.

To łatwe. Wchodzisz na ich stronę internetową, logujesz się i przesyłasz pieniądze. Oni wysyłają plastikową tubkę, łopatkę i instrukcję pobrania próbki kału. Wkładasz kał do tubki, porządnie potrząsasz, wrzucasz do koperty i czekasz, aż odeślą wyniki. W przypadku dwóch ostatnich firm, jeśli nie mieszkasz w USA, cały proces zajmie co najmniej dwa miesiące.

Niedawno wysłałem swój kał do uBiome i wyniki były bardzo interesujące. W pierwszej kolejności podana jest waga ciała – to wskazuje, na jakich danych zależy większości osób korzystających z usługi.

Co zatem znaleziono w moich jelitach i jak ich zawartość prezentuje się na tle przeciętnego mikrobiomu?

Firmicutes

Stanowiły jedną trzecią moich bakterii jelitowych – to wartość mniejsza od przeciętnej. Poza organizmem *Firmicutes* zajmują się mnóstwem różnych rzeczy – od fermentacji piwa i wina po oczyszczanie toksycznych odpadów. Wewnątrz jelit jednym z ich głównych zadań jest pomoc w trawieniu tłuszczu. Dawno, dawno temu, gdy jedzenia było mniej, bardzo się to przydawało, ponieważ ludzie mający dużo *Firmicutes* mogli maksymalnie wykorzystać energię pochodzącą z tłustych pokarmów.

Obecnie duża liczba *Firmicutes* wcale nie jest zbyt dobra i wiąże się ze zwiększonym ryzykiem otyłości. Ludzie, u których jest ich dużo, to zwykle ci, którzy żywią się zgodnie z typową zachodnią dietą (bogatą w tłuszcze i cukry).

Bacteroidetes

Ponad połowa (55%) moich bakterii jelitowych to *Bacteroidetes*. UBiome podaje, że to dobrze, ponieważ mikrobiom, w którym większość to *Bacteroidetes*, kojarzony jest ze szczupłą sylwetką oraz rzadszym występowaniem stanów zapalnych w jelitach.

Ten typ bakterii odgrywa też ważną rolę w nauce zachowań układu odpornościowego (pomaga kontrolować gwałtowność reakcji immunologicznej) oraz w rozkładaniu niestrawionego błonnika z warzyw, który dociera do jelita grubego. Podczas tej czynności mikroorganizmy wytwarzają mnóstwo wartościowych substancji, między innymi kwas masłowy.

Kwas masłowy

To wspaniały związek chemiczny. Pomaga kontrolować wzrost komórek tworzących ściany jelit, chroni nas przed rakiem tego narządu, a także ma silne działanie przeciwzapalne.

Stan zapalny to jeden z mechanizmów obronnych twojego ciała. Jeśli zachorujesz na grypę, pewnie pojawi się u ciebie gorączka i zapalenie oraz bóle stawów – twój organizm będzie w ten sposób walczył z wirusami. To nic złego. Problem pojawia się, gdy stan zapalny nie znika. Podobnie jak szkodliwe jest chroniczne zapalenie zęba, ciągły stan zapalny jelit może prowadzić do bólu, wzdęć, gazów, zaparć, a nawet raka.

Można temu przeciwdziałać, zwiększając na przykład poziom kwasu masłowego poprzez jedzenie pokarmów bogatych w błonnik. Niestrawiony błonnik dotrze do jelita grubego i dostarczy dobrym bakteriom mnóstwa jedzenia do schrupania. Dokarmione dobre bakterie odwdzięczą się mnóstwem wspaniałego kwasu masłowego.

Kwas masłowy nie tylko łagodzi stany zapalne. Pomaga też utrzymać w dobrym stanie ściany jelit, dzięki czemu bakterie i inne toksyny nie przenikają do krwi. Jeśli ta bariera robi się nieszczelna, pojawia się dolegliwość zwana zespołem cieknącego jelita, która może prowadzić do najróżniejszych niepokojących problemów, między innymi IBS (więcej informacji znajdziesz na stronie 57).

W przepisach na końcu książki wykorzystujemy pokarmy, które – jak dowiedziono – zwiększają poziom kwasu masłowego w organizmie.

Akkermansia

Cieszyłem się nie tylko z licznych *Bacteroidetes*, ale także z tego, że miałem całkiem sporo bakterii z gatunku zwanego *Akkermansia*. *Akkermansia* są niezwykłe, ponieważ w przeciwieństwie do większości mikroorganizmów w jelitach nie żywią się resztkami jedzenia, lecz śluzem, czyli glutowatą mazią, którą wydziela błona pokrywająca jelita, by chronić się przed szkodliwymi bakteriami. Podobnie jak *Bacteroidetes*, *Akkermansia* wzmacniają ściany jelit i łagodzą stany zapalne. Im więcej ich jest, tym lepiej.

Wiemy to między innymi dzięki serii eksperymentów przeprowadzonych przez belgijskich naukowców, którzy zidentyfikowali bakterie *Akkermansia*[6].

Wykazali oni, że gdy poda się je myszom z nadwagą, zwierzęta nie stają się otyłe i nie zapadają na cukrzycę. Działało to nawet po pasteryzacji bakterii, czyli podgrzaniu ich do temperatury powyżej 70°C. Jeden z badaczy, Willem de Vos, powiedział: „To było totalne zaskoczenie. Jeszcze bardziej zdumiał nas fakt, że bakteria była pod pewnymi względami bardziej aktywna po pasteryzacji: nie tylko łagodziła otyłość i cukrzycę, ale w ogóle zapobiegała ich wystąpieniu".

Odpowiada za to najwyraźniej białko na powierzchni bakterii o mało atrakcyjnej nazwie Amuc 110. Trwają badania na ludziach, stworzono też firmę, która ma rozszerzyć produkcję zarówno bakterii *Akkermansia*, jak i białka Amuc 110.

Tymczasem możesz zwiększyć liczbę bakterii *Akkermansia*, przyjmując więcej pokarmów bogatych w polifenole (zajrzyj do ramki na stronie 109), a także poszcząc. Ponieważ *Akkermansia*, w przeciwieństwie do większości bakterii, z którymi rywalizują, nie żywią się resztkami jedzenia (bo jak już wspomniałem, ich pokarm to śluz z błony śluzowej jelit), będą miały się świetnie, gdy ograniczysz kalorie. W ramach każdego programu wspomagającego zdrowie jelit zalecam post przerywany. *Akkermansia* to twoi postni przyjaciele. Więcej na ten temat w rozdziale 6.

Christensenella

Niestety specjaliści z uBiome nie znaleźli w moich jelitach wspaniałych bakterii o nazwie *Christensenella*. Ludzie, którzy mają ich dużo, są zwykle szczupli, nawet wtedy, gdy źle się odżywiają.

Zoe Budd jest wysoka i szczupła. Niedawno zbadano jej kał i odkryto, że ma 13 razy więcej bakterii *Christensenella* niż przeciętny badany.

„Żywię się fatalnie – powiedziała mi. – Uwielbiam croissanty, kanapki z bekonem, ciastka i torty". Stara się jeść mnóstwo warzyw, ale jeśli tylko ma okazję, sięga po pudding lub ciasto czekoladowe.

Christensenella to chyba jedna z tych bakterii, które dziedziczy się po matce i które przyjmują się tylko u ludzi z właściwymi genami. Nie ma jasności co do tego, jak można je pozyskać, jeśli się ich nie ma. Nie dowiedziono, że zażywanie ich w formie kapsułek rzeczywiście jest korzystne, chociaż można kupić takie suplementy przez internet.

Dzieci Zoe są takie jak ona, wysokie i szczupłe, więc być może odziedziczyły bakterie *Christensenella* razem z jej genami.

Lactobacillus

Miałem też zaskakująco niewiele *Lactobacillus*. Bakteria ta pokrywa powierzchnię jelit i skutecznie chroni je przed wrogimi organizmami, na przykład patogenem grzybiczym *Candida albicans*. Wiele kobiet pewnie zna tę wredną bestyjkę, bo to ona odpowiada za grzybicę pochwy. *Lactobacillus* niszczy patogeny takie jak *Candida*, spryskując je lub wstrzykując im nadtlenek wodoru – tę samą substancję, którą tleni się włosy.

Jeśli twoje bakterie *Lactobacillus* są osłabione antybiotykoterapią przeciw innym patogenom, *Candida* może wykorzystać okazję do przejęcia władzy nad jelitami. Kiedy już jej się to uda, trudno się jej pozbyć.

Niektóre szczepy *Lactobacillus* są ważne dla zdrowia psychicznego – ci, którzy przyjmują je w formie probiotyku (kapsułki zawierającej żywe bakterie), mówią, że poprawia on ich nastrój i łagodzi lęki.

W połączeniu z innymi probiotykami *Lactobacillus* mogą też pomóc osobom z IBS. Jeszcze do tego wrócimy.

Bifidobacterium

Bakterie, których jest u mnie bardzo dużo – trzy razy więcej niż u przeciętnej osoby – to *Bifidobacterium*. Ich rolą jest rozkładanie niestrawnego w innym wypadku błonnika. Poza tym – tak jak *Lactobacillus* – chronią jelita przed mniej przyjaznymi mikroorganizmami.

Są obecne w mleku matki, wiele z nich znajduje się też w serze i jogurcie. To moje dwa ulubione przysmaki, co wyjaśnia, dlaczego jest tyle *Bifidobacterium* w moich jelitach. Podobnie jak *Lactobacillus*, bakterie te są popularnym probiotykiem.

ZESPÓŁ CIEKNĄCEGO JELITA

Dobre bakterie nie tylko chronią jelita przed wrogimi mikroorganizmami, ale też pomagają wzmocnić ściany jelit, pilnując, by szkodliwe substancje nie trafiły na zewnątrz, do innych części organizmu. Jeśli do tego dochodzi, to znaczy, że masz zespół cieknącego jelita.

Gdy powiesz lekarzowi, że na niego cierpisz, pewnie przewróci oczami i westchnie. Wielu lekarzy uważa, że to fikcyjna choroba zmyślona przez zbzikowanych zwolenników medycyny alternatywnej sprzedających zdesperowanym klientom podejrzane suplementy. Sam byłem o tym przekonany.

Obecnie jednak istnieją dowody na to, że nieszczelność jelit to prawdziwa choroba. Charakteryzują ją wzdęcia, gazy, skurcze, zmęczenie, nadwrażliwość pokarmowa, a także ogólne dolegliwości bólowe.

Dochodzi do niej wskutek infekcji jelit, antybiotykoterapii, kiepskiej diety, a nawet intensywnych ćwiczeń, gdy połączenia ścisłe między komórkami jelit zaczynają się rozluźniać. Wyobraź sobie, że ściany jelit to Wielki Mur Chiński wzniesiony do obrony przed najeźdźcami. Kiedy niektóre fragmenty muru się wykruszą, wróg może przecisnąć się przez dziury. Gdy więc bakterie i inne toksyny wydostają się z jelit i trafiają do krwi, masz kłopoty.

DIAGNOZOWANIE ZESPOŁU CIEKNĄCEGO JELITA

Ta dolegliwość może być trudna do zdiagnozowania, dlatego wielu lekarzy wątpi w jej istnienie. Można na przykład wykonać próbę cukrową. Polega ona na podaniu napoju z mieszanką dwóch różnych cukrów. Jeden z nich musi mieć drobne i proste cząsteczki (mannitol), a drugi powinien być większy i bardziej złożony (często jest nim laktuloza).

W zdrowym jelicie małe cząsteczki cukru będą w stanie przecisnąć się przez szczeliny między komórkami ściany jelit, ale te duże już nie. Jeśli masz zespół cieknącego jelita, przedostaną się nawet duże cząsteczki, zatem stosunek laktulozy do mannitolu w moczu będzie dużo wyższy.

Niedawne badania z wykorzystaniem próby cukrowej wykazały, że powszechne dolegliwości jelitowe takie jak IBS, które często się lekceważy i którym przypisuje się podłoże psychosomatyczne, niejednokrotnie mają przyczynę fizyczną.

Zrozumiałe jest to, że ludzie, którzy przez wiele lat odczuwają ból i mają wzdęcia, są niespokojni i zdołowani. Ale leki przeciwdepresyjne często nie stanowią rozwiązania. Może za to pomóc zmiana diety na taką, która wspomaga wzrost dobrych bakterii. Zajrzyj do rozdziału z przepisami na końcu książki – znajdziesz tam wspaniałe kojące buliony i smoothie, które pomogą w naprawie ścian jelit.

Czarne charaktery

W jelitach obok mikroorganizmów wspomagających zdrowie grasuje też wiele złych bakterii, które mogą powodować poważne problemy zdrowotne. Dużo podróżowałem, zwłaszcza do biedniejszych części świata, więc niektóre z nich znam dość dobrze.

Campylobacter

To najbardziej powszechna przyczyna zatrucia pokarmowego w zamożnych krajach. Objawy zakażenia to między innymi ból brzucha, ostra, czasami krwawa biegunka oraz wymioty. Może prowadzić do IBS oraz zapalenia stawów, a u ciężarnych powodować poronienia.

Ludzie zwykle zarażają się bakterią *Campylobacter* poprzez dotykanie surowego kurczaka albo poddanie go niewystarczającej obróbce termicznej. Wystarczy jedna kropla soków z surowego kurczaka, by kogoś zarazić, a bakteria ta występuje w większości kurczaków sprzedawanych w supermarketach.

Mycie kurczaka przed wstawieniem go do piekarnika to fatalny pomysł – w ten sposób tylko rozprowadzisz bakterie. Lepiej porządnie upiec mięso.

Większość osób słyszała o bakteriach *E. coli*, *Salmonella* i *Listeria*, ale *Campylobacter* powoduje więcej ostrych zatruć pokarmowych niż wszystkie trzy pozostałe razem wzięte.

E. coli

Są liczne nieszkodliwe odmiany *E. coli*, ale są i takie, które mogą powodować krwawą biegunkę prowadzącą do anemii, a nawet niewydolności nerek. To także powszechna przyczyna infekcji układu moczowego. Do zakażenia jelit bakterią *E. coli* często dochodzi wskutek zjedzenia zakażonego mięsa, które nie zostało wystarczająco wypieczone (czyli w temperaturze co najmniej 71°C). Można się też zakazić, pijąc surowe mleko.

Salmonella

Kolejny uroczy maluch to *Salmonella*, odmiana powodująca zatrucie pokarmowe będące przyczyną biegunki, skurczów żołądka i wymiotów. Objawy pojawiają się zwykle po upływie 12–72 godzin od połknięcia bakterii i utrzymują się do tygodnia. Jeśli poważnie zachorujesz, może być konieczna wizyta w szpitalu, bo istnieje ryzyko śmierci z odwodnienia. Jeszcze paskudniejsza i jeszcze bardziej zagrażająca życiu jest *Salmonella typhi*, powodująca dur brzuszny. Co roku zaraża ponad 20 milionów ludzi na całym świecie.

Clostridium difficile (w skrócie *C. difficile*)

To jedna z bakterii, która może mieszkać teraz w twoim brzuchu, nieszczególnie ci szkodząc, bo kontrolują ją dobre bakterie. Gdy pojawi się u ciebie drobna infekcja, lekarz może przepisać ci antybiotyk o szerokim spektrum. Wytruje on większość normalnego mikrobiomu jelitowego, ale nie tknie *C. difficile*, bo to twardziel, który zwykle nie reaguje na działanie antybiotyków. Gdy jego rywale zostaną zniszczeni, *C. difficile* może wykorzystać okazję do przejęcia kontroli. Przypomina to trochę inwazję Iraku: kiedy Saddam został zabity, powstały warunki sprzyjające dla ISIS.

Gdy bakteria *C. difficile* przejmie kontrolę, bardzo trudno jest się jej pozbyć. Objawy to między innymi wodnista biegunka, gorączka i ból brzucha. Mogą się utrzymywać przez wiele lat. To wprost niewiarygodne, że *C. difficile* co roku zabija w USA około 29 tysięcy osób, a leczenie zakażenia nią kosztuje rocznie jakieś 1,5 miliarda dolarów!

Standardowe metody leczenia – między innymi kolejne antybiotykoterapie – często są nieskuteczne. W takich przypadkach najlepszą opcją może być coś, co brzmi raczej nieprzyjemnie: przeszczep mikrobioty jelitowej, określany skrótem FMT.

PRZESZCZEP MIKROBIOTY JELITOWEJ (FMT)

W ramach zabiegu FMT lekarze pobierają kał od zdrowego dawcy i wstrzykują go zakażonemu pacjentowi. Cel jest taki, by mikroorganizmy zdrowego dawcy zdobyły przewagę liczebną i zniszczyły bakterie *C. difficile*. Przeszczep można wykonać przez sondę żołądkową, ale większe szanse na sukces daje wykonanie go z wykorzystaniem kolonoskopu, przez który wstrzykuje się kupę dawcy. Główną wadą – poza tym, że to obrzydliwe – jest fakt, że kupa dawcy musi być odpowiednio zbadana, by istniała pewność, że nie ma w niej nic szkodliwego. Widziałem raz wykonanie zabiegu FMT. Trwał niecałe 30 minut. Rezultaty były niesamowite.

Rose przez wiele lat zmagała się z bólem, musiała biegać do łazienki o najróżniejszych porach dnia i nocy. Podjęto liczne nieudane próby leczenia jej antybiotykami. W końcu odzyskała zdrowie w ciągu kilku godzin od wykonania przeszczepu kału i wkrótce potem była w stanie wrócić do normalnego życia.

Chociaż FMT to stosunkowo nowa metoda, jej skuteczność jest spektakularna. Kontrolowane badania z próbą losową wykazały, że aż 94% pacjentów całkowicie wraca do zdrowia po jednym przeszczepie.

Obecnie bada się jej efektywność w leczeniu różnych innych dolegliwości od IBS przez zespół cieknącego jelita po cukrzycę typu 2. Są nawet osoby, które próbowały zastosować FMT domowymi sposobami, ale szczerze ci to odradzam.

W poszukiwaniu różnorodności

Liczy się nie tylko rodzaj bakterii w jelitach, ale też ich różnorodność. Chcemy, by mikrobiom był możliwie najbardziej wielokulturowy. Utrata pomniejszego plemienia nie odegra większej roli, ale jeśli kilka „złych" gatunków takich jak *C. difficile* zacznie przejmować kontrolę, skutki mogą być katastrofalne. Dzięki różnorodności mikrobiomu jelita będą w stanie dużo szybciej wrócić do formy po ostrej biegunce.

Niestety tak samo jak gatunki dzikich zwierząt, gatunki wielu bakterii jelitowych wymierają. Dzieje się tak od dziesięcioleci, po części za sprawą ubogiej diety, przez którą bakterie jelitowe również nie żywią się zbyt różnorodnie. Spośród 250 tysięcy znanych jadalnych gatunków roślin spożywamy mniej niż 200. Aż 75% pokarmów na świecie robi się tylko z 12 roślin i pięciu gatunków zwierząt. Między innymi dlatego chcę cię zachęcić do rozszerzenia jadłospisu i spróbowania na przykład fermentowanej żywności, nawet jeśli dotąd się nią nie interesowałeś.

Inną przyczyną tego wymierania jest powszechne stosowanie antybiotyków – nie tylko do leczenia, ale także do tuczenia zwierząt, które jemy. Co prawda w Europie zakazano rutynowego podawania zwierzętom antybiotyków jako wspomagacza wzrostu, ale w innych częściach świata, między innymi w Stanach Zjednoczonych, to wciąż powszechna praktyka.

No i mamy też emulgatory. To substancje chemiczne dodawane do przetworzonej żywności i wydłużające jej przydatność do spożycia. Wykazano, że zubażają mikrobiom i mogą bezpośrednio przyczyniać się do zapalenia okrężnicy oraz cukrzycy.

Jak sprawić, by mikrobiom był bardziej różnorodny

Istnieje metoda pomiaru zwana indeksem Simpsona, która wskazuje, jak zróżnicowany jest nasz mikrobiom. Mój wynik to 7,99 – oznacza to, że jestem w pierwszych 30% „najbardziej różnorodnych mikrobiomów" wśród osób, które wysłały próbki kału do uBiome. Ale nie ma się czym chwalić. Na przykład ludzie z plemienia Hadza (myśliwi i zbieracze żyjący w Tanzanii) mają mikrobiom co najmniej dwukrotnie bardziej zróżnicowany od mojego.

Parę lat temu Jeff Leach postanowił poprawić stan swoich jelit i opisał swoje próby na blogu, we wpisie pod tytułem *Going Feral: my one-year journey to acquire the healthiest gut microbiome in the world (you heard me!)*, czyli „Krok w dzicz: moja roczna podróż ku najzdrowszemu mikrobiomowi jelitowemu na świecie (właśnie tak!)".

Jego próby poprawy stanu jelit obejmowały między innymi zwisanie z drzewa głową w dół, gdy ktoś inny wlewał przez lejek płynną kupę członka plemienia Hadza do jego tyłka.

Jeff nie jest tak naprawdę dziki ani zwariowany. To szanowany naukowiec i współzałożyciel organizacji American Gut z siedzibą w Knight Lab przy Uniwersytecie Kalifornijskim. Członkowie organizacji mówią, że to „jeden z największych opartych na crowd-sourcingu projektów obywatelskich naukowych w kraju". Podobnie jak uBiome za drobną opłatą obejrzą twoją kupę i powiedzą ci, co w niej jest. Do tej pory odkryli między innymi, że:

- Im więcej różnych rodzajów roślin spożywasz, tym bardziej różnorodny jest twój mikrobiom.
- Ludzie, którzy piją przynajmniej jedną standardową jednostkę alkoholu w tygodniu, mają bardziej zróżnicowany mikrobiom od tych, którzy nie piją go wcale.

Próbując uzyskać „najzdrowszy mikrobiom na świecie", Jeff nie zamierzał się ograniczać do zwiększenia spożycia roślin i picia alkoholu raz na parę dni. Postanowił zamieszkać z plemieniem Hadza, żywić się tak jak jego członkowie, „jeść te same rośliny i zwierzęta i pić tę samą wodę (w której od czasu do czasu unosiła się kupa pawiana)" i sprawdzić, co się stanie.

No i co się stało? Z początku różnorodność jego mikrobiomu się zmniejszyła, ale wkrótce wróciła do normy.

Okazało się też, że Jeff ma znacznie więcej przyjaznej bakterii *Akkermansia*. Jak już wspomniałem, *Akkermansia* to dobra bakteria, ponieważ jej duża liczebność kojarzona jest z niskim ryzykiem otyłości. Chroni też przed inwazją paskudnych bakterii, wzmacniając ściany jelit. W ciągu tygodni spędzonych z plemieniem Hadza bakterie *Akkermansia* Jeffa z bardzo nielicznej grupki przeistoczyły się w najbardziej wpływowego gracza.

Jego zdaniem przyczyn jest wiele – zawdzięcza to między innymi długim okresom bez pożywienia (wzorem ludzi z plemienia). Jak pisze na swoim blogu: „Zaryzykuję twierdzenie, że członkowie plemienia Hadza – oraz być może także nasi przodkowie – okresowo pościli... Nie chodzi mi tu o spędzanie całych dni bez jedzenia – na obszarze, gdzie żyje to plemię, jest go mnóstwo, naprawdę mnóstwo. Mam raczej na myśli to, że nie zaspokajają głodu od razu, otwierając paczkę chipsów. Zdobycie pokarmu wymaga bowiem odrobiny wysiłku i z tego powodu chęć jedzenia czasami odsuwa się w czasie. Ten wydłużony okres między pałaszowaniem posiłków nazywam postem przerywanym – odnosi się to do członków plemienia Hadza i do moich własnych doświadczeń, gdy stosowałem ich dietę".

Na swoim blogu humanfoodproject.com Jeff prezentuje liczne sposoby poprawy zdrowia mikrobiomu – ograniczenie przekąsek to nie jedyna metoda. Jeff doradza między innymi:

1. Unikanie antybiotyków, gdy to możliwe, ponieważ seria antybiotyków o szerokim spektrum może „wytrącić z równowagi środowisko twojego mikrobiomu na całe tygodnie, miesiące, a nawet lata – o ile w ogóle uda mu się do niej wrócić".

2. Otwieranie okna. Spędzamy 90% życia, siedząc w pomieszczeniach. Badania wykazały, że otwieranie okna zwiększa różnorodność mikroorganizmów w twoim domu, a zatem – przypuszczalnie – także w tobie.

3. Jedzenie większej liczby roślin. Nie chodzi o to, żeby odstawić mięso, ani o to, żeby po prostu chrupać więcej marchewek. Najlepiej jeść możliwie najbardziej różnorodne rośliny. Spożywaj też różne części roślin, nie tylko te najsmaczniejsze. „Jedz całe szparagi, a nie tylko ich czubki. Jedz łodygę brokułu, a nie tylko różyczki".

4. Pobrudź sobie ręce. Najlepiej pracując w ogródku. Dzięki temu masz kontakt z bilionami bakterii mieszkających w glebie, a do tego zaznajesz trochę ruchu.

Koniec podróży kamery w pigułce

Spotkaliśmy kamerę w pigułce, którą połknąłem w Muzeum Nauki, na początku tego rozdziału, gdy wkraczała do królestwa mikrobiomu. Mogłem przez parę chwil zerkać na tę mroczną krainę, ale im dalej zapuszczała się kamera, tym ciemniejsze stawały się obrazy. Poza tym zrobiło się późno, zbliżała się pora zamknięcia muzeum. Zatem widząc, że nie ma zbyt dużych szans na więcej przydatnych nagrań z tego dziwnego, obcego świata, uznaliśmy, że nadszedł czas na zakończenie spektaklu. Publiczność poszła do domu, ja też.

Nieobserwowana kamera w pigułce radośnie podążała dalej moim jelitem grubym - pokonując całe półtora metra - przez umięśnioną okrężnicę aż do odbytu. W końcu, po wielu godzinach (o ile dobrze pamiętam, mniej więcej po 12) opuściła moje ciało. Na pewno chętnie przeczytasz o tym, że ją oczyściłem, wypolerowałem i zachowałem jako pamiątkę tego dziwacznego dnia.

Podróż od moich ust do muszli klozetowej zajęła kamerze w sumie około 20 godzin. To dość dobry wynik, bo typowy czas pasażu pokarmu (czyli czas od zjedzenia do wydalenia) to – jak podaje Mayo Clinic - zwykle raczej 40 godzin. W wykonanym przez tę instytucję badaniu na zdrowych ochotnikach wykazano, że czas pasażu u mężczyzn wynosił średnio 33 godziny, a u kobiet, które trawiły mniej pospiesznie, średnio 47 godzin[7].

Jeśli lubisz na sobie eksperymentować i chcesz sprawdzić swój czas, możesz spróbować zjeść coś z czerwonym barwnikiem i sprawdzić, ile czasu minie, zanim barwnik będzie widoczny w twoim kale.

PODSUMOWANIE

- Zdrowy mikrobiom tworzony jest przez różnorodne mikroorganizmy. To ekosystem o delikatnej równowadze, w którym bakterie walczą o przewagę.
- Niektóre, na przykład *Lactobacillus* i *Bifidobacterium*, wytwarzają substancje takie jak kwas masłowy, które zmniejszają stan zapalny. Chronią też przed atakiem wrogich mikroorganizmów i pomagają wzmocnić ściany jelit, zapobiegając zespołowi cieknącego jelita.
- Chociaż nadmiar śmieciowego żarcia i nadużywanie antybiotyków mogły uszkodzić twój mikrobiom, jesteś w stanie zmienić bieg wydarzeń, modyfikując dietę oraz zwiększając kontakt z przyrodą.
- Obecnie można zamówić analizę mikrobiomu za niecałe 100 funtów. Dzięki niej dowiesz się, co mieszka tam na dole i w jakiej jest formie. Jeśli powtórzysz badanie po zastosowaniu rad zawartych w tej książce, przekonasz się, czy dzięki nim coś się zmieniło. Powiedzą ci też o tym twoja waga i samopoczucie.

4

JAK TWÓJ MIKROBIOM WPŁYWA NA CIEBIE I JAK TY MOŻESZ WPŁYNĄĆ NA NIEGO

Jak się przekonaliśmy, zdrowy mikrobiom powinien się składać z możliwie najbogatszego, najbardziej różnorodnego zestawu bakterii. Tam na dole są ich biliony. Razem mają mniej więcej tyle samo komórek, ile cała reszta twojego ciała (mikroorganizmy są zazwyczaj dużo mniejsze niż ludzkie komórki).

Za chwilę opowiem ci o tym, w jaki sposób wpływają między innymi na twoją wagę, nastrój i na aktywność układu odpornościowego. One oddziałują na ciebie, ale działa to także w drugą stronę. Jadłospis i styl życia naprawdę nie pozostają bez wpływu na to, jakie żyjątka będą dominować w twoim wewnętrznym lesie deszczowym.

Ale skąd w ogóle biorą się w nas te mikroorganizmy?

Skąd się bierze mikrobiom

Większość z nas dziedziczy mikrobiom po matce. Kiedy jesteśmy w jej łonie, w naszych jelitach prawie nie ma bakterii. To, co się dzieje potem, zależy od tego, jak wyglądają nasze narodziny.

Jeśli urodziłeś się drogą pochwową, przebyłeś kanał rodny i połknąłeś sporo kału oraz płynów waginalnych matki, bakterie te, nie musząc rywalizować z innymi mikroorganizmami, szybko skolonizowały twoje jelita. Później, jeśli byłeś karmiony piersią, dostałeś też dobre bakterie z mleka matki.

Jeśli w ramach porodu wykonano cesarskie cięcie, sprawy wyglądały inaczej. Pierwszymi napotkanymi bakteriami były te unoszące się w sali operacyjnej, na skórze ludzi, którzy cię trzymali, oraz ukryte we wszystkim, co wdychałeś i połykałeś w ciągu pierwszej godziny życia.

Próbki kału pobrane od dzieci urodzonych metodą cesarskiego cięcia wykazują, że skład ich bakterii jelitowych jest zupełnie inny od składu tych, które urodziły się drogą pochwową.

Czy ma to znaczenie? Tak, ogromne. Dzięki zakrojonemu na szeroką skalę badaniu wykonanemu przez naukowców z Harvard T.H. Chan School of Public Health[8] wiemy, że dzieci, które rodzą się metodą cesarskiego cięcia, są obciążone znacznie większym ryzykiem otyłości w dzieciństwie i nadwagi w dorosłym życiu.

W tym konkretnym badaniu adekwatnie nazwanym GUTS (Growing Up Today Study) naukowcy obserwowali ponad 22 tysiące ludzi od narodzin po dorosłość. Ważyli ich, gdy byli nastolatkami, a potem znowu, gdy mieli po dwadzieścia kilka lat.

Wyniki były zadziwiające, zwłaszcza gdy porównano rodzeństwa. U dzieci urodzonych metodą cesarskiego cięcia istniało o 64% większe ryzyko otyłości niż u ich braci i sióstr urodzonych drogą pochwową pomimo tych samych genów, wychowania w tych samych domach i takiej samej diety. Można zatem wysnuć wniosek, że to właśnie bakterie jelitowe stanowiły o tej różnicy.

„Porody metodą cesarskiego cięcia niewątpliwie są w wielu przypadkach procedurą potrzebną, ratującą życie – powiedział Jorge Chavarro, główny autor badania. – Jednak cesarskie cięcia wiążą się też ze znanymi zagrożeniami dla matki i noworodka. Nasze odkrycia wskazują, że ryzyko otyłości to kolejny czynnik godny uwzględnienia".

U dzieci urodzonych metodą cesarskiego cięcia istnieje też większe ryzyko pojawienia się alergii na późniejszym etapie życia.

Obecnie w ten sposób rodzi się około 26% dzieci w Wielkiej Brytanii, 35% w Stanach Zjednoczonych, 50% w Chinach oraz nawet 80% w Brazylii – to wróży problemy w przyszłości.

Jeśli konieczne jest cesarskie cięcie, można obejść ten problem, starając się, by noworodek jak najszybciej miał kontakt z bakteriami matki. „Zasiew pochwowy" polega na pobraniu materiału z pochwy i odbytu matki oraz wtarciu go w usta, oczy i twarz dziecka chwilę po porodzie.

To podejście ma swoich zwolenników, ale doktor Aubrey Cunnington z wydziału medycyny Imperial College London do nich nie należy. Uważa, że o ile nie zrobi się tego w ściśle kontrolowany sposób, potencjalne zagrożenia, na przykład zarażenie się infekcją, przeważają nad prawdopodobnymi korzyściami.

„Jeden z moich kolegów musiał interweniować, gdy matka z opryszczką narządów płciowych miała zamiar przeprowadzić tę czynność po cesarskim cięciu – mówi. – Wtarcie materiału mogłoby doprowadzić do zarażenia dziecka wirusem opryszczki".

Uważa też, że istnieją bardziej odpowiednie sposoby zapewnienia dziecku jak najlepszego startu w życie. „Zachęcanie matek do karmienia piersią oraz unikanie niepotrzebnych antybiotyków może być ważniejsze niż skupianie się na przenoszeniu płynów pochwowych na waciku".

Karmienie piersią z pewnością będzie dla mikrobiomu dziecka bardzo korzystne. Dzieci karmione piersią są o połowę mniej zagrożone egzemą lub astmą w porównaniu z dziećmi karmionymi wyłącznie z butelki.

Mleko kobiece zawiera nie tylko dobrą mieszankę tłuszczów, białek i węglowodanów, ale też cukry złożone, których, co dziwne, niemowlęta nie trawią. Ich głównym celem jest chyba odżywianie dobrych bakterii, które – w optymalnej sytuacji – rosną w jelitach dziecka. Fakt, że skład mleka kobiecego ewoluował tak, by odżywiać naszych „starych przyjaciół", pokazuje nam, jacy są ważni.

Gdy rośniemy, nasz mikrobiom się zmienia i liczba gatunków zamieszkujących jelita rośnie – od około 100 gatunków w dzieciństwie do około 1000 w dorosłości. Zanim skończymy trzy lata, nasz mikrobiom będzie w znacznym stopniu uformowany, chociaż wciąż może się zmienić w reakcji na infekcje, leczenie antybiotykami i zmiany w diecie.

Chociaż nie masz wpływu na to, jak się urodziłeś ani jak karmiła cię matka, możesz zmienić swoje obecne odżywianie... i odżywianie mikrobiomu. Zanim do tego dojdziemy, chciałbym ci opowiedzieć, jak zadziwiająco i na jak wiele sposobów mikrobiom wpływa na ciebie w dorosłym życiu.

PODSUMOWANIE

- Twój mikrobiom kształtuje się w ciągu kilku pierwszych lat życia, a duży wpływ ma na niego sposób, w jaki przyszedłeś na świat.
- Mleko kobiece zawiera zdrową mieszankę białek, tłuszczów i cukrów. Występują w nim też związki niestrawne dla niemowlęcia, ale wspomagające wzrost dobrych bakterii. Co ciekawe, mleko matki zawiera substancje, których jedynym celem jest odżywianie naszych „starych przyjaciół".

Tuczący mikrobiom – jak to możliwe?

Jak się przed chwilą przekonaliśmy, narodziny metodą cesarskiego cięcia mają wpływ na twoje bakterie jelitowe oraz na obwód talii.

Stosowanie antybiotyków w dzieciństwie również często zwiększa ryzyko otyłości, zwłaszcza jeśli leki te podawane są w pierwszych sześciu miesiącach życia.

Skład bakterii w jelitach dorosłego człowieka może sprzyjać tyciu na wiele sposobów:

1. Niektóre bakterie pozyskują z jedzenia więcej energii niż inne.

2. Bakterie mogą wpłynąć na to, jak bardzo wzrasta poziom cukru w twojej krwi, kiedy jesz.

3. Mogą też wpływać na twój nastrój i na to, jakie decyzje żywieniowe podejmujesz.

Pozyskiwanie energii z jedzenia

Nasz przewód pokarmowy nie jest w 100 procentach efektywny. Niektóre spożyte kalorie zostają wydalone. I chociaż spora część energii z jedzenia jest pozyskiwana przez przewód pokarmowy, bakterie jelitowe po części trawią za nas. Myszy o sterylnych, pozbawionych bakterii jelitach są o wiele szczuplejsze niż normalne myszy – nawet wtedy, gdy spożywają dokładnie tyle samo kalorii.

Wiemy też, że niektóre bakterie, między innymi *Firmicutes*, lepiej od innych pozyskują energię z pożywienia. Oznacza to, że jeśli mam więcej *Firmicutes* od mojej żony (co jest prawdą), to prawdopodobnie będę wydalał mniej kalorii niż ona po zjedzeniu takiego samego posiłku.

Dowiodło tego badanie wykonane przez naukowców z National Food Institute, którzy zgromadzili próbki kału 32 dzieci – szesnaściorga z nadwagą i szesnaściorga o normalnej wadze – a następnie przeszczepili te próbki myszom.

Myszy, które dostały kał od dzieci z nadwagą, przytyły wyraźnie bardziej od tych, które dostały go od dzieci szczupłych, chociaż jadły to samo. Badacze sprawdzili też, ile niespożytych kalorii zostawało w kale myszy, i odkryli, że te, które przytyły najmniej, wydalały najwięcej kalorii[9].

Dlaczego w odchudzaniu nie chodzi tylko o to, żeby mniej jeść i więcej ćwiczyć

Tego rodzaju badania podważyły twierdzenie związane z utrzymaniem zdrowej wagi, powszechne przez ostatnie pół wieku. Opiera się ono na koncepcji CICO – *calories in, calories out,* czyli kalorie spożyte, kalorie spalone. Zgodnie z tym podejściem jesteśmy grubi, bo jemy więcej kalorii, niż spalamy. Zrzucenie nadmiaru kilogramów miałoby polegać na tym, by mniej jeść i więcej ćwiczyć.

Ale oczywiście nie jest to aż takie proste. Jak się przed chwilą przekonaliśmy, bakterie w jelitach mogą wpłynąć na to, ile spożywanych kalorii zostaje w twoim ciele. Dowiedzieliśmy się też, że jelita nie traktują wszystkich pokarmów tak samo. Zjedzenie ciasta nie będzie miało na twój organizm takiego samego wpływu jak zjedzenie steku.

W przeciwieństwie do steku mąka i cukier z ciasta zostaną szybko wchłonięte, przez co twój poziom glukozy gwałtownie podskoczy. W odpowiedzi trzustka uwolni do krwi insulinę, by go zbić. Sprawi też, że twój organizm przejdzie w tryb gromadzenia tłuszczu – i właśnie w tej formie zatrzyma nadwyżkę energii z ciasta.

Jednak po skoku poziomu insuliny następuje zwykle spadek poziomu cukru we krwi, co sprawia, że czujesz głód i zmęczenie. Badania wykazały, że kiedy tak się dzieje, jemy więcej.

Dlatego tyjemy. I dlatego tak ważne jest unikanie częstych skoków poziomu glukozy.

By ci się to udało, musisz ograniczyć nie tylko słodkie przekąski i napoje, ale też wszelkie pokarmy działające w ten sposób.

Które to pokarmy? Podpowie ci to indeks glikemiczny (IG), który wykorzystuje się do oceny, jak dany pokarm wpływa na poziom cukru we krwi.

Łatwe do strawienia węglowodany takie jak pieczywo, ryż, ziemniaki i makaron mają wysoki indeks glikemiczny, a pokarmy zawierające błonnik, na przykład brokuły i pełne ziarna, dostały mniej punktów. Dłuższą listę znajdziesz na glycaemicindex.com.

Chociaż jest to pomocny i czasem zaskakujący przewodnik po pokarmach i ich wpływie na poziom cukru we krwi (kto by pomyślał, że zjedzenie ugotowanego ziemniaka wpływa na nas tak samo jak zjedzenie łyżki cukru!), indeks glikemiczny ma też swoje ograniczenia. Aby obliczyć indeks glikemiczny danego pokarmu, podaje się go 10–20 ochotnikom. Potem badacze mierzą wzrost poziomu cukru w ich krwi. Na tej podstawie obliczają i publikują uśredniony indeks glikemiczny.

Problem polega na tym, że ludzie różnie reagują na te same pokarmy. Dlaczego? Bo mają w jelitach różny zestaw bakterii.

Wiemy o tym dzięki zakrojonemu na szeroką skalę badaniu Instytutu Weizmanna w Izraelu – to dotąd największy tego rodzaju eksperyment.

Personalizowane odżywianie

Badanie o nazwie Personalized Nutrition Study przeprowadzone przez Instytut Weizmanna to jeden z najbardziej fascynujących projektów naukowych, na jakie natrafiłem. Daje nam nadzieję na możliwość stworzenia pierwszych naprawdę personalizowanych diet.

W ramach tego badania immunolog doktor Eran Elinav oraz informatyk doktor Eran Segal zrekrutowali 800 ochotników i przeprowadzili na nich szczegółowe testy. Na początku badania pobrali próbki krwi i kału oraz wykonali liczne pomiary ciała, między innymi zmierzyli i zważyli uczestników.

Ponadto ochotnikom wszczepiono pod skórę urządzenia monitorujące, które przez prawie cały czas mierzyły poziom cukru we krwi. Nosili je przez tydzień i skrupulatnie notowali, co jedli i pili, a także ile spali oraz ile ćwiczyli. Dwóch Eranów chciało precyzyjnie zmierzyć, jaki wpływ na poziom cukru we krwi uczestników ma ich zwykła codzienna dieta oraz styl życia.

Ostatecznie naukowcy zgromadzili ponad 1,5 miliona danych liczbowych o poziomie cukru we krwi.

Ku zaskoczeniu wszystkich odkryli, że spożywanie dokładnie tych samych pokarmów ma bardzo różny i często nieoczekiwany wpływ na poziom glukozy u poszczególnych osób. U niektórych po zjedzeniu ryżu poziom cukru we krwi gwałtownie skakał, a na innych pokarm ten oddziaływał w sposób znikomy.

Czy czekolada źle wpływa na poziom cukru we krwi? Tak, w przypadku tylko niektórych osób.

Zespół wykorzystał dane z zebranych próbek kału razem z informacjami takimi jak wiek i płeć, by stworzyć algorytm – model komputerowy pozwalający przewidzieć, jakie pokarmy spowodują u danej osoby skok poziomu cukru we krwi.

Następnie sprawdzono algorytm na kolejnej grupie ochotników, by porównać przewidywania z rzeczywistymi reakcjami osób. Jak sprawdziła się ta metoda? Niezwykle dobrze[10].

W końcu zrekrutowali trzecią grupę ochotników, pobrali od nich próbki kału i na podstawie posiadanych danych dla każdego stworzyli spersonalizowaną dietę oraz listę „dobrych" i „złych" pokarmów.

Ochotników poproszono, by przez dwa tygodnie przestrzegali swojego osobistego jadłospisu. Przez tydzień musieli jeść to, co zgodnie z przewidywaniami algorytmu miałoby zły wpływ na ich poziom glukozy. Przez kolejny tydzień jedli tylko „dobre" pokarmy z listy.

Na „dobrą" listę trafiła nie tylko sałata i warzywa, a na „złą" – nie tylko słodycze. Niektórzy mogli bez przeszkód jeść czekoladę i pić alkohol, a inni musieli unikać pozornie zdrowych pokarmów.

Eran Segal twierdzi, że różnice były zadziwiające. „Kiedy ochotnicy żywili się zgodnie ze »złym« jadłospisem, ich poziom cukru we krwi skakał, wykraczając poza normę, ale kiedy przestrzegali »dobrej« diety, cukier pozostawał w prawidłowym zakresie".

Moja przyjaciółka, doktor Saleyha Ahsan, zaciekawiła się projektem, więc pojechała do Izraela, by wypróbować metodę.

Saleyha i jej przygoda

Saleyha pracuje na oddziale ratunkowym, jest zabiegana i nie ma czasu zdrowo się odżywiać. Kiedyś była w wojsku i miała świetną formę, ale odkąd uszkodziła sobie kolano, musiała ograniczyć ćwiczenia. Bardzo przez to przytyła, chciała jednak coś z tym zrobić. Powiedziała mi: „Zawsze uważałam na to, co jem, ale teraz jakoś nie mogę schudnąć. Potrzebuję pomocy".

W jej przypadku nie chodziło tylko o szczuplejszą sylwetkę. Ma w rodzinie osoby z cukrzycą typu 2 i wie, że jest zagrożona zapadnięciem na tę chorobę. Cierpi też na zespół policystycznych jajników, którego nasilenie by się zmniejszyło, gdyby pozbyła się nieco tłuszczu z talii.

Dlatego właśnie pojechała do Izraela, by spędzić trochę czasu z Eranami w Instytucie Weizmanna. Podobnie jak pozostałym ochotnikom, wszczepiono jej pod skórę glukometr, by stale mierzyć poziom glukozy. Sen i aktywność monitorowano za pomocą opaski, którą nosiła na nadgarstku, udostępniono jej też aplikację pozwalającą rejestrować nastrój i wszystkie spożywane pokarmy. Ponadto pobrano od niej próbki kału – po ich zbadaniu okazało się, że w jej jelitach jest dużo bakterii potencjalnie powiązanych z otyłością i cukrzycą.

Saleyha rozpoczęła sześciodniowe żywienie pokarmami dostarczanymi przez instytut. Równocześnie badano, jak wpływają one na poziom cukru w jej krwi.

W końcu przedstawiono jej dwie listy pokarmów: zieloną, „dobrą" listę, która zawierała pokarmy takie jak awokado, banany i ciemna czekolada, oraz czerwoną, „złą" listę zawierającą niestety niektóre z jej ulubionych pokarmów, na przykład sushi i winogrona, które zawsze uważała za zdrowe.

Zgodziła się przez miesiąc jeść wyłącznie pokarmy z zielonej listy.

Po trzech tygodniach zaczęła zauważać zmiany. Nie czuła się już zmęczona w ciągu dnia, zniknęły też napady głodu. Miała bardziej promienną cerę, oprócz tego schudła trzy kilo.

Mówi: „Kiedyś winiłam siebie za lenistwo, ale teraz rozumiem, że to nie takie proste. Kiedy zaczęłam jeść to, co wywołuje mniejsze skoki poziomu cukru we krwi, przestałam mieć wahania energii i napady głodu".

Wraz ze zmianą diety zmienił się zestaw jej bakterii jelitowych. Po miesiącu nastąpił wyraźny spadek liczby bakterii kojarzonych z otyłością i cukrzycą.

Dla większości z nas wypad do Izraela, chodzenie z glukometrem i próbowanie różnych rodzajów pokarmów to niezbyt praktyczne rozwiązanie. Dlatego dwóch Eranów rozkręca obecnie firmę, byśmy mogli odpłatnie korzystać z ich pracy.

W ramach usługi klienci się rejestrują i płacą, a firma wysyła zestaw, którego używa się do zebrania próbki kału. Trzeba też wypełnić krótki kwestionariusz i wykonać badanie HbA1c (to badanie krwi, które pozwala stwierdzić, jak kształtował się poziom cukru we krwi przez ostatnie 90 dni – możesz poprosić o skierowanie lekarza pierwszego kontaktu).

Wysyła im się te informacje, oni je analizują i z wykorzystaniem swojego algorytmu tworzą spersonalizowaną aplikację żywieniową, która zaleca ci konkretne pokarmy lub posiłki pomagające utrzymać niski poziom cukru we krwi. Są przekonani, że jeśli będziesz się trzymać zielonych pokarmów i unikać czerwonych, to podobnie jak Saleyha schudniesz i poczujesz większą kontrolę. Uważają, że to pierwszy krok ku prawdziwej personalizacji diety. To dopiero początki, ale jest ciekawie. By dowiedzieć się więcej, odwiedź naszą stronę cleverguts.com.

Aby ocenić, jak skuteczne jest to podejście, dwóch Eranów rozpoczęło właśnie kolejne badanie, w ramach którego będą przez rok obserwować dużą grupę ludzi. Osoby, które zrekrutowali do badania, są w stanie przedcukrzycowym, czyli znajdują się na drodze do zachorowania na cukrzycę typu 2 – będzie to zatem ważny sprawdzian ich metody.

Ochotników nie brakuje. Poprzedni uczestnicy byli tak zachwyceni swoimi doświadczeniami, że namówili rodzinę i przyjaciół, by też dali się przebadać.

Efekt jo-jo

Izraelscy naukowcy badają też wpływ bakterii jelitowych na efekt jo-jo. Każdy, kto kiedykolwiek był na diecie, wie, że samo schudnięcie nie jest wyzwaniem tak wielkim jak utrzymanie zdrowej wagi. Ludzie często zaczynają dietę, zrzucają mnóstwo tłuszczu, a potem, gdy postęp się zatrzymuje, wpadają w rozpacz i znów tyją.

Jak się przekonaliśmy, utrzymanie zdrowej wagi jest trudne, ponieważ kiedy się chudnie, organizm walczy, wykorzystując hormony sytości i głodu przeciw tobie. Gdy komórki tłuszczu się kurczą, organizm produkuje więcej hormonów, które odpowiadają za głód, i mniej tych, które hamują apetyt. To zła wiadomość. Dobra jest taka, że jeśli wytrwasz, hormony apetytu się zrestartują.

Intrygujące jest to, że mikrobiom też najwyraźniej przyczynia się do efektu jo-jo.

Aby dowiedzieć się, co tak naprawdę się dzieje, zespół dowodzony przez dwóch Eranów przeprowadził badanie na myszach. Najpierw je utuczono, a potem zmniejszono liczbę podawanych im kalorii, aż wróciły do poprzedniej wagi. Naukowcy powtórzyli to kilka razy. Pod koniec myszy wyglądały tak samo jak na samym początku.

Tak naprawdę jednak nie były takie same. Gdy mogły jeść, co chciały, przybierały na wadze, a tłuszcz odkładał się u nich szybciej niż za pierwszym razem, kiedy karmiono je wysokokalorycznymi pokarmami. Wynikało to z tego, że zmienił się ich mikrobiom. Nowa mieszanka mikroorganizmów zawierała wiele takich, które przyspieszały tycie.

„Wydaje się, że mikrobiom zachowuje »pamięć« dawnej otyłości – mówi Eran Elinav. – Ten nowy mikrobiom przyspieszał przybieranie na wadze, gdy znów żywiliśmy myszy wysokokalorycznymi pokarmami".

Na szczęście naukowcy znaleźli sposób na odwrócenie tego procesu – zaczęli podawać myszom flawonoidy.

Flawonoidy wytwarzane są przez rośliny. Chronią je przed pasożytami i niesprzyjającą pogodą. Można je znaleźć w borówkach, wiśniach, jeżynach, śliwkach, winogronach, pomidorach i zielonej herbacie. To silne antyoksydanty, które zachęcają organizm do spalania tłuszczu. Opowiem o nich więcej w rozdziale 5.

Dwóch Eranów wykazało, że (przynajmniej u myszy) dieta prowokująca efekt jo-jo prowadzi do powstania niezdrowego mikrobiomu zawierającego dużo bakterii niszczących flawonoidy, co z kolei przyczynia się do szybkiego tycia.

Kiedy naukowcy dodali flawonoidy do wody pitnej przeznaczonej dla myszy, odkryli, że ich organizmy się „zrestartowały". Nie dochodziło już do tak szybkiego tycia, gdy spożywały dużo kalorii.

Flawonoidy zastosowane przez Eranów to apigenina (którą można znaleźć w pietruszce, selerze korzeniowym i herbatce rumiankowej) oraz naringenina (występująca w grejpfrutach, pomarańczach i skórce pomidora). Spożywanie tych pokarmów raczej nie dostarczy ci takiej dawki, jaką dostały myszy. Nie jest nawet jasne, czy flawonoidy, które działają na gryzonie, zadziałają na nas. Ale te pokarmy i tak są zdrowe, więc nie masz nic do stracenia.

PODSUMOWANIE

- Twój mikrobiom po części decyduje o tym, ile energii pozyskujesz z jedzenia, a także – do pewnego stopnia – o tym, jak szybko tyjesz.
- Bakterie jelitowe wpływają też na to, jak zmienia się poziom cukru w twojej krwi po spożyciu określonych pokarmów.
- Analizując próbki kału, można przewidzieć, które pokarmy doprowadzą do wzrostu poziomu cukru we krwi. To daje szansę na stworzenie naprawdę spersonalizowanej diety w oparciu o rzetelne badania.
- Spożywanie flawonoidów lub pokarmów bogatych we flawonoidy może ci pomóc uniknąć ponownego utycia po zakończeniu diety.
- Jeszcze bardziej zdumiewające są dowody na to, że mikrobiom może wpływać na twoje decyzje żywieniowe.

Mikrobiom a mózg

Lubimy sobie wyobrażać, że decydujemy o wszystkim, co robimy, od jedzenia po wyjazdy na wakacje. Prawda jest jednak taka, że wiele decyzji podejmujemy podświadomie, prowadzeni sygnałami, z których nie zdajemy sobie sprawy.

Dlaczego dziś w drodze do pracy zjadłeś babeczkę? Czy naprawdę chciałeś ją zjeść, rozważyłeś za i przeciw, a potem postanowiłeś ją kupić? A może zobaczyłeś ją, gdy wszedłeś do kawiarni, i bez namysłu po nią sięgnąłeś? Większość z nas zazwyczaj jada bez zastanowienia. Dajemy się ponieść przyzwyczajeniom i przekonać reklamom.

Ale co z naszymi bakteriami jelitowymi? Czy to możliwe, by malutkie jednokomórkowe istotki czające się w naszych jelitach wpływały na to, jakie decyzje podejmujemy?

Sądzę, że to możliwe. Rośnie też liczba naukowców zajmujących się tą kwestią, którzy podzielają to przypuszczenie. Żyjące w nas mikroorganizmy mają sposobność, motyw i narzędzia, by nami manipulować.

Już wspominałem o drugim mózgu w twoich jelitach – nerwowym układzie jelitowym, w którym jest tyle samo neuronów, ile w mózgu kota (uwielbiam tę ciekawostkę!) i który komunikuje się z mózgiem poprzez nerw błędny. Nerw błędny jest jak stale zajęta linia telefoniczna. W obu kierunkach wędruje wiele wiadomości. Układ jelitowy przekazuje mózgowi informacje, a mózg odpowiada.

Jest wiele dowodów na to, że mikroorganizmy mogą włamać się do tego systemu i przemawiać wprost do twojego mózgu poprzez nerw błędny. Produkują one także liczne hormony i neuroprzekaźniki, które docierają do mózgu przez krwiobieg.

Należy do nich dopamina, słynny hormon przyjemności. Mikroorganizmy w jelitach produkują jej dużo, prawdopodobnie po to, by nagrodzić cię za robienie tego, czego sobie życzą (na przykład za zjedzenie ciasta). Wytwarzają też substancje kontrolujące nastrój, na przykład serotoninę i kwas γ-aminomasłowy (GABA) – neuroprzekaźnik, który działa podobnie do leku uspokajającego, valium. Oprócz tego wydzielają związki zadziwiająco podobne do leptyny, greliny i peptydu YY, głównych hormonów głodu.

Zatem mikroorganizmy mają swoje metody. Mają też motyw. Życie w twoich jelitach to nie przelewki – toczy się tam nieustająca wojna. W jelitowym świecie życie jest okrutne, brutalne i krótkie. Mikroorganizmy nie tylko współzawodniczą o przestrzeń i skąpe zasoby. Mają też różne wymagania żywieniowe: niektóre żywią się cukrem, inne uwielbiają tłuszcz. Im więcej cukru będziesz dostarczać tym słodkolubnym, tym więcej będą go chciały. Nie są przy tym jak potulny pies łażący za tobą i czekający na wszystko, co mu rzucisz. Walczą o życie. Zrobią wszystko, by zdobyć przewagę.

„Mikroorganizmy mogą manipulować zachowaniem i nastrojem, modyfikując sygnały nerwowe w nerwie błędnym, zmieniając receptory smaku, wytwarzając toksyny, które pogorszą nasze samopoczucie, i wydzielając chemiczne nagrody, byśmy czuli się dobrze", mówi doktor Aktipis z wydziału psychologii Arizona State University. Niedawno uczestniczyła ona w opracowaniu obszernego przeglądu badań naukowych, w których stawiano pytanie: „Czy mikroorganizmy jelitowe mają wpływ na zwyczaje żywieniowe?". Odpowiedź to zdecydowane tak. Naukowcy zgromadzili dowody na to, że mikroby nie tylko wpływają na to, ile jemy, ale też na to, co jemy[11]. Przeprowadzone badania wskazują, że różnorodność gatunków w jelitach zwykle wiąże się ze szczuplejszą sylwetką i lepszym zdrowiem. Z kolei uboższy ekosystem kojarzony jest z nadwagą i skłonnością do chorób.

Dlaczego tak jest? Otóż w różnorodnym mikrobiomie te małe istotki będą się przekrzykiwać, a my będziemy mogli je zignorować niczym grupkę dzieci wołających jedno przez drugie. Problem pojawia się wtedy, gdy jedna grupa – na przykład ta, która żywi się niezdrowym jedzeniem – zaczyna dominować. Tworząc gang, te czarne charaktery będą miały na nas znacznie większy wpływ. Wytworzone przez nie sygnały chemiczne spowodują chęć na niezdrowe jedzenie, a tobie trudno będzie się oprzeć tym zachciankom.

Jaką mamy pewność, że naprawdę tak się dzieje? Obecnie najbardziej przekonujące dowody na to, że mikroorganizmy wpływają na zachowanie, pochodzą z badań nad zwierzętami. Od dawna wiadomo, że gdy myszy zostaną zakażone bakterią *Toxoplasma gondii*, stają się zaskakująco nieostrożne. Zwykle myszy trzymają się w cieniu i unikają zbliżania się do kotów. Jednak gdy zapadają na toksoplazmozę, ich zachowanie całkowicie się zmienia. Zaczyna je przyciągać zapach kociego moczu i celowo wychodzą na otwartą przestrzeń, by dać się zabić. Bakterie *Toxoplasma* manipulują ich zachowaniem. Chcą być zjedzone przez kota, by móc go zarazić.

Ponadto jeśli odchody myszy przejawiających zachowania podobne do niepokoju (nie mówi się o „niespokojnych myszach", bo nie wiemy, co myślą gryzonie) poda się myszom, które nie mają w jelitach bakterii *Toxoplasma*, te drugie również zaczynają się zachowywać, jakby były niespokojne.

Naukowcy przekonali się, że myszy pływają dłużej i bardziej zawzięcie, gdy poda im się bakterie o nazwie *L. rhamnosus*[12]. Ponadto – raczej brutalnymi metodami – odkryli, że jeśli uszkodzi się u tych myszy nerw błędny, by jelita nie mogły komunikować się z mózgiem, zachowanie zwierząt nie zmienia się po spożyciu tych bakterii.

Jeśli chodzi o ludzi, dowody są raczej poszlakowe. W pewnym badaniu z udziałem 22 osób[13], z których połowę stanowili miłośnicy czekolady, a drugą – osoby obojętne na jej smak, naukowcy odkryli, że ludzie uwielbiający czekoladę mają inny zestaw mikroorganizmów od tych, których nie interesują słodycze, chociaż w obu grupach wprowadzono tę samą dietę.

Przeprowadzono też imponujące badanie randomizowane z podwójnie ślepą próbą i zastosowaniem placebo. Badacze wykazali, że można znacznie poprawić nastrój osób z depresją, podając im probiotyk zawierający mieszankę *Lactobacillus acidophilus*, *Lactobacillus casei* oraz *Bifidobacterium bifidum*[14].

Ciekawscy naukowcy zainteresowali się też dziećmi: zbadali zawartość ich pieluch i odkryli, że dzieci z kolką (ostrymi bólami powodującymi długi płacz) miały mniej różnorodne bakterie jelitowe i mniej bakterii probiotycznych (tych „dobrych") niż niemowlęta, które aż tyle nie płakały. Jedna z teorii jest taka, że dzięki częstym krzykom rodzice będą zwracać większą uwagę na dziecko i je karmić, co zapewni więcej jedzenia mikroorganizmom podrażniającym jelita i powodującym płacz.

Nasuwa się nieco upiorny wniosek, że zachcianki mogą być zaraźliwe, dosłownie przeskakiwać z jednej osoby na drugą[15]. Kto wie, może kaprysy żywieniowe oraz wynikająca z nich tendencja do tycia nie są zaraźliwe tylko pod względem towarzyskim, ale i dosłownie – jak przeziębienie.

Mówiąc szczerze, uważam, że to trochę zbyt daleko idący wniosek. Żyję ze swoją żoną od ponad 30 lat i nie zauważyłem, by zaraziła się moją słabością do słodyczy.

Wszystkie te badania przyniosły nam nie tylko niepokojące wnioski, ale też parę pocieszających myśli. Jeśli zachcianki rzeczywiście wywoływane są przez grupki sprytnych bakterii w jelitach, to w twojej mocy jest ich zagłodzenie.

Musisz tylko (wiem, to może być bardzo trudne) trzymać się z dala od tego, na co masz ochotę, a wtedy zachcianki zmaleją w miarę wymierania mikroorganizmów. Więcej na ten temat opowiem w kolejnym rozdziale.

PODSUMOWANIE

- Mikroorganizmy w jelitach mogą komunikować się bezpośrednio z mózgiem poprzez nerw błędny.
- Wydzielają też hormony głodu i neuroprzekaźniki, poprzez które mogą wpływać na nasze zachcianki i zachowanie.
- Skoro rzeczywiście tak jest, to zmiana składu mikrobiomu może również zmienić twoje zachcianki.

Alergie a bakterie jelitowe

Przed dwoma wiekami ludzie w świecie rozwiniętym żyli średnio o ponad połowę krócej niż obecnie. Umierali młodo na choroby zakaźne, na przykład tyfus, cholerę czy gruźlicę, jednak zwykle nie mieli chorób autoimmunologicznych takich jak cukrzyca typu 1, alergie czy astma. Żadna z postaci w XIX-wiecznych powieściach Jane Austen nie skarży się na katar sienny czy nietolerancję pokarmową. Charles Dickens nigdy nie sugerował, że Oliver Twist czy któryś z jego kolegów złodziejaszków cierpiał na egzemę. Choroby alergiczne to współczesna plaga, skutek stylu życia typowego dla XXI wieku.

Wspólną cechą chorób autoimmunologicznych i alergii jest to, że wywołuje je nadaktywność układu odpornościowego. Jedna z popularnych teorii dotyczących przyczyn takiego stanu rzeczy to hipoteza higieny. Mówiąc w uproszczeniu, problem polega podobno na tym, że jesteśmy zbyt czyści.

Oto argumenty: ponieważ antybiotyki i środki czystości sterylizują nasze środowisko, układ odpornościowy staje się zbyt wrażliwy. Zamiast walczyć z prawdziwymi zagrożeniami takimi jak cholera, traktuje pyłki czy gluten – niegroźne substancje – jako swoich wrogów. Oczyściliśmy świat do tego stopnia, że nasze układy odpornościowe, nie mając nic lepszego do roboty, dostały amoku.

Zgodnie z hipotezą higieny układ odpornościowy jest trochę jak marudny nastolatek, który śmiertelnie się nudzi i zaczyna niszczyć własny dom. Jakie jest rozwiązanie? Trzeba dać mu coś do roboty, znaleźć wrogów, z którymi będzie mógł walczyć.

Zdaniem niektórych oznacza to, że powinniśmy celowo narażać dzieci na kontakt z chorobami zakaźnymi, gdy są małe, inni z kolei wykorzystują tę teorię, by krytykować szczepienia, przekonując, że przytłaczają one układ odpornościowy.

Problem z hipotezą higieny polega na tym, że prawdopodobnie jest ona błędna i nie pasuje do faktów. Niedawno zastąpiła ją subtelniejsza i bardziej wiarygodna wersja dotycząca poznanych już przez nas „starych przyjaciół".

Zakłada ona, że nasz układ odpornościowy wcale nie jest znudzony, ale nie ma odpowiedniej wiedzy. Podobnie jak my, musi się wiele nauczyć, gdy przychodzimy na świat. Między innymi musi się zorientować, co jest niebezpieczne i z czym należy walczyć, a co jest dobre i czemu należy dać spokój. Nie chcemy, żeby układ odpornościowy wytaczał ciężkie działa przeciw mikroorganizmom w jelitach, ponieważ niektóre z nich są niezbędne dla zdrowia.

W przeszłości te cenne lekcje przekazaliby mu „starzy przyjaciele", mikroorganizmy jelitowe, które ewoluowały wraz z nami poprzez miliony lat. Niestety, jak się przekonaliśmy, przez nadużywanie antybiotyków oraz stosowanie diety opartej w dużym stopniu na żywności przetworzonej, wielu spośród „starych przyjaciół" wyginęło albo zostało zdziesiątkowanych.

Zatem prawdziwym problemem nie jest to, że mamy kontakt z mniejszą liczbą chorób zakaźnych (które są niebezpieczne i szkodliwe), ale to, że straciliśmy kontakt z mikroorganizmami, które wraz z nami ewoluowały i bez których układ odpornościowy nie działa jak należy. Straciliśmy albo przypadkowo zabiliśmy ogromne ilości ważnych bakterii i właśnie to powoduje współczesne problemy – alergie i choroby autoimmunologiczne.

W kolejnym rozdziale opowiem, jak możesz pielęgnować niektórych „starych przyjaciół" i na nowo nawiązać z nimi kontakt. Jednak zanim do tego dojdziemy, chciałbym przedstawić ci pasożyty jelitowe, które również ewoluowały wraz z nami przez miliony lat. W przeszłości odgrywały ważną rolę w kontrolowaniu układu odpornościowego i uczeniu go odpowiedniego zachowania. Nie należą tak naprawdę do naszych „starych przyjaciół", ale we właściwych okolicznościach mogą być cennymi sprzymierzeńcami. Mówię tu o robakach pasożytniczych.

Paskudny tęgoryjec

Tęgoryjec to nieprzyjemny, wysysający krew pasożyt, który mieszka w jelicie cienkim. Na całym świecie jest nim zarażonych pół miliarda ludzi. To ogromne zagrożenie dla zdrowia w obszarach tropikalnych i subtropikalnych.

Cykl jego życia jest zarazem fascynujący i obrzydliwy. Żyje w ludzkich jelitach, gdzie poznaje inne tęgoryjce i z nimi współżyje. Następnie samica składa około 30 tysięcy jaj dziennie, które są wydalane w kale. Jaja chronione i odżywiane ciepłym kałem przekształcają się w larwy i cierpliwie czekają na kolejnego żywiciela.

Jeśli akurat spacerujesz bez butów i wejdziesz na ziemię, która została zakażona larwami, szybko przedostaną się one przez twoją skórę i powędrują do płuc. To sprawi, że zaczniesz dużo kaszleć, przez co larwy trafią do tchawicy, a stamtąd – do przełyku. Połkniesz je, one jakimś cudem przeżyją gorącą kąpiel kwasową w żołądku i dotrą do jelita cienkiego. Zasiedlą je i zaczną pić twoją krew.

Wiedząc to wszystko, możesz się zastanawiać, dlaczego ktokolwiek chciałby celowo zarazić się tęgoryjcem. Odpowiedź brzmi: jeśli jest się wystarczająco zdesperowanym, spróbuje się wszystkiego.

Daniela Haymana poznałem w restauracji indyjskiej, gdzie obaj zamówiliśmy pikantne curry. Parę lat wcześniej Daniel nie mógłby tknąć takiego dania, bo cierpi na chorobę Crohna – to rodzaj choroby zapalnej jelit, która w Stanach Zjednoczonych dotyka około 1,3 miliona ludzi. Podobnie jak w przypadku większości chorób autoimmunologicznych, liczba osób nią dotkniętych rośnie. Zapada się na nią, gdy układ odpornościowy, często pod wpływem infekcji, zaczyna atakować błonę śluzową jelit.

Choroby zapalnej jelit – w przeciwieństwie do celiakii – nie da się leczyć poprzez usunięcie substancji drażniącej. Ona ciągle wraca – jak chuligan, który uparł się, by splądrować twój dom. Mogą następować okresy remisji, ale zwykle jest to choroba na całe życie.

Objawy choroby zapalnej jelit to między innymi ból, nawracająca lub krwawa biegunka, silne zmęczenie i chudnięcie. W pierwszej kolejności lekarz zaproponuje ci zapewne sterydy, by trochę uspokoić sytuację. Jeśli nie pomogą, być może poda leki hamujące aktywność układu odpornościowego, by złagodzić stan zapalny. Niektórzy w końcu poddają się operacji usunięcia ogarniętych stanem zapalnym fragmentów jelit.

Daniel próbował zapanować nad swoją chorobą, wykorzystując metody medycyny konwencjonalnej, ale dalej czuł się fatalnie, więc zdecydował się na coś bardzo niekonwencjonalnego – tęgoryjca.

Zamówił przez internet żywe larwy tęgoryjca od kogoś, kto hodował je we własnym ciele. Kiedy larwy dotarły, Daniel umieścił je na skórze, przez którą przeniknęły i w końcu dotarły do jego jelit.

Poprawa nie nastąpiła od razu. Minął prawie rok, zanim poczuł się całkiem dobrze.

Nie przerażała cię myśl, że będziesz miał w sobie pasożyta? – spytałem. „Ani trochę – odpowiedział z zaskakującym spokojem. – Jestem przekonany, że dzięki ewolucji ludzie są przystosowani do życia z wieloma pasożytami we wnętrzu. One są częścią nas. Powinien pan tego spróbować".

A następnie, by dowieść, jak wielkie postępy zrobił, zaczął zajadać się jednym z najbardziej pikantnych dań z karty. Zapewnił mnie, że już nie boi się jedzenia. „W końcu jestem wolny. Dzięki robakom mogę jeść w zasadzie wszystko, na co mam ochotę".

Co się w takim razie dzieje? Spotkałem się z Heleną Helmby z London School of Hygiene and Tropical Medicine, która bada, w jaki sposób robaki wchodzą w interakcję z układem odpornościowym.

Powiedziała mi: „Nasz układ odpornościowy jest bardzo wyrafinowany, a w dodatku wciąż trwa w trybie gotowości. Jednak te duże pasożyty ewoluowały wraz z nami i znalazły sposoby na obejście systemu. Robią to, między innymi osłabiając nasze reakcje immunologiczne – czyli wydzielając związki wpływające na układ odpornościowy. To pozwala robakom przetrwać, ale jest też korzystne dla nas. Robaki mogą zostać, bo poważne ataki na nie byłyby zbyt niebezpieczne dla żywiciela. To delikatny rozejm między nami a pasożytami".

Helena zgadza się, że do zwiększenia występowania alergii i chorób takich jak zapalenie jelita przyczynia się zbyt mała liczba „starych przyjaciół". Nie popiera jednak celowego wywoływania u siebie zakażenia, czyli tego, co zrobił Daniel.

„Naukowcy przez ponad 100 lat walczyli, by wytępić te choroby, a ludzie chcą się teraz nimi na nowo zarażać? Te robaki żyją w jelitach i wysysają krew. Poruszają się. Składają jaja, które zmieniają się w larwy. Jeśli będziesz ich mieć zbyt wiele, dostaniesz anemii. Owszem, warto badać ich wpływ na nasz organizm, ale nie powinniśmy zamawiać ich przez internet".

Większość naukowców zgodziłaby się z Heleną, że zakażenie tęgoryjcem ma po prostu za dużo wad, by wykorzystywać je jako metodę leczenia. Zamiast niego zaczęli badać łagodniejsze pasożyty, między innymi włosogłówkę. Przeprowadzono obrzydliwe, ale za to udane badania kliniczne z wykorzystaniem tych robaków w leczeniu choroby zapalnej jelit. W jednym z nich[16] zebrano 90 ochotników, połowę zarażono włosogłówką, a pozostałym podano placebo. Żaden z ochotników nie wiedział, w której grupie się znajduje. Efekty? 43% pacjentów zarażonych robakiem poczuło się potem lepiej w porównaniu z 17% pacjentów w grupie placebo. Nieźle, ale i tak zostało jeszcze sporo do zrobienia.

Co dziwne, wkrótce po tym, jak poznałem Daniela Haymana, miałem okazję celowo zakazić się robakami pasożytniczymi, w moim przypadku dość dużymi. Zgłosiłem się do połknięcia larwy tasiemca w ramach projektu badawczego wykonywanego przez naukowców z Salford University.

Larwy, które połknąłem, pochodziły od tasiemca nieuzbrojonego, *Taenia saginata*, którego pozyskaliśmy z rzeźni w Kenii. Jeśli chodzi o pasożyty, tasiemiec nieuzbrojony jest dość nieszkodliwy i zakażają się nim tylko ludzie i bydło. Z kolei tasiemiec uzbrojony może być bardzo niebezpieczny, ponieważ larwy migrują czasami do mózgu. Dlatego nigdy nie należy jeść surowej czy niedopieczonej wieprzowiny (zwłaszcza w biedniejszych regionach świata).

Panuje powszechne przekonanie, że tasiemiec pomaga schudnąć, a w okresie wiktoriańskim wśród kobiet dość powszechne było połykanie jaj tasiemca w nadziei na zrzucenie paru kilogramów. Prawie na pewno można to uznać za stratę czasu, ponieważ jaja tasiemca nie działają zakaźnie na ludzi. Musiałyby najpierw zostać zjedzone przez krowę lub byka, gdzie uformowałaby się cysta, i dopiero po zjedzeniu surowego zakażonego mięsa z cystami można byłoby liczyć na zakażenie robakiem.

Ale nawet jeśli udałoby się nam zarazić, to czy schudniemy? Połknąłem trzy larwy tasiemca, które wycięliśmy z języka martwej krowy (chciałem mieć pewność co do zakażenia), ale chociaż przez kilka miesięcy byłem ich żywicielem, przytyłem.

Być może stało się tak dlatego, że przez pasożyty jadłem więcej, a może dlatego, że nieświadomie rekompensowałem sobie ich obecność w swoim ciele. Tak czy inaczej tasiemce raczej trudno uznać za sprzymierzeńców w odchudzaniu, ale też nie stanowiły dla mnie zauważalnego problemu.

Sprawiały mi wręcz tak mało kłopotu, że miałem pewność co do ich obecności dopiero wtedy, gdy dwa miesiące po połknięciu wągrów połknąłem kamerę w kształcie pigułki i zobaczyłem, że są przyczepione do ścian mojego jelita cienkiego i wyglądają na zadomowione.

Zanim zacząłem ten nietypowy eksperyment, umówiłem się z żoną, że zabiję tasiemce, zanim w pełni dojrzeją. Dojrzałe tasiemce zaczynają zrzucać człony, które wędrują w poszukiwaniu nowego żywiciela. To zrozumiałe, że moja żona nie miała ochoty dzielić łóżka z członami tasiemca, które w nocy mogłyby się ze mnie wydostać.

Jeden z moich znajomych ekspertów od tasiemców, który w ramach badania celowo zaraził się tasiemcem, miał nieprzyjemne doświadczenie: jadąc autostradą, poczuł, jak człon tasiemca pełznie po jego nodze.

Gdy już zobaczyłem i sfilmowałem młode tasiemce w jelitach oraz zakończyłem serię badań, zażyłem parę pigułek i to był koniec eksperymentu. Chociaż próbowałem je wypatrzeć, nigdy ze mnie nie wypadły, więc mogę tylko przypuszczać, że gdy już zginęły, moje ciało potraktowało je jak jedzenie i po prostu strawiło. To ironiczne zakończenie – pasożyty zjedzone przez własnego żywiciela.

PODSUMOWANIE

- Mikroorganizmy wpływają na nasz układ odpornościowy. Te dobre, nasi „starzy przyjaciele", to także ważni nauczyciele naszego układu odpornościowego.
- Brak „starych przyjaciół" prowadzi do nadmiernej aktywności układu odpornościowego i zwiększonego ryzyka alergii.
- Jak się za chwilę przekonamy, wspieranie mikroorganizmów żyjących w układzie pokarmowym może nam pomóc zachować zdrowie.

5

PROGRAM CLEVER GUTS

Skoro już zakończyliśmy krótką wycieczkę po wspaniałej i grząskiej krainie przewodu pokarmowego, czas sprawdzić, co możemy zrobić, by pielęgnować swój jelitowy ogród. W tym rozdziale pokażę ci, jak wzmocnić mikrobiom, zmieniając to, co jesz i pijesz. Powiem ci też, czego należy unikać.

Jesteś tym, czym karmisz swój mikrobiom

Od niedawna, kiedy coś jem, zastanawiam się nie tylko nad tym, jak to wpłynie na moje ciało, ale też co zrobi z moim mikrobiomem. Każda decyzja żywieniowa, którą podejmujesz („Powinienem zjeść kawałek ciasta czy garść migdałów?"), stanowi o losie miliardów żyjątek w twoich jelitach. To wielka odpowiedzialność.

Chociaż poniższe zalecenia oparte są na najnowszych odkryciach naukowych, traktuj je jako wskazówki, a nie jako prawdę objawioną. Jeśli cierpisz na zespół jelita drażliwego, być może będziesz musiał unikać niektórych proponowanych pokarmów – przynajmniej do czasu, aż zapanujesz nad swoją dolegliwością. Zajrzyj do części II, *Jak zrestartować mikrobiom* (od strony 167).

Uwielbiam pełne ziarna, na przykład żyto, ale tobie one nie posłużą, jeśli cierpisz na nietolerancję glutenu lub celiakię. Poza tym nawet jeśli nie masz problemów jelitowych, reakcje na te same pokarmy mogą być różne w zależności od osoby. Zatem poeksperymentuj z poszczególnymi składnikami i z naszymi przepisami, by sprawdzić, co ci odpowiada.

Jednak i tak warto zwrócić uwagę na walory zdrowotne pewnych konkretnych pokarmów. W książce *Jelita wiedzą lepiej* piszę o składnikach i przyprawach z różnych stron świata, w tym z obszaru Morza Śródziemnego, Indii i Azji. By ekosystem w naszych jelitach stał się zróżnicowany, warto jeść potrawy z różnych kuchni świata.

Zacznę od pokarmów najczęściej występujących w mojej ulubionej diecie śródziemnomorskiej. Uwielbiam śródziemnomorskie potrawy – głównie dlatego, że są pyszne, ale też z tego powodu, że liczne badania wykazały ich korzystny wpływ na zdrowie.

Jedno z najbardziej imponujących badań na temat żywienia, badanie Predimed, wykazało, że u osób stosujących dietę śródziemnomorską ryzyko chorób serca, cukrzycy typu 2 i raka piersi jest mniejsze niż u tych na tradycyjnej diecie niskotłuszczowej. Śródziemnomorski sposób żywienia może nawet opóźnić procesy starzenia się mózgu[17].

W ramach tego finansowanego przez hiszpański rząd badania naukowcy losowo podzielili 7400 osób z nadwagą na grupę mającą stosować dietę niskotłuszczową (chude mięso, nabiał o niskiej zawartości tłuszczu, mało oleju) i drugą, mającą przejść na dietę śródziemnomorską (tłuste orzechy i ryby, mnóstwo oliwy, jaja, ciemna czekolada, czerwone wino). Następnie przyglądali się im przez wiele lat. Wyniki nie pozostawiły wątpliwości.

Chociaż nie wprowadzono ograniczenia kalorii, osoby przypisane do diety śródziemnomorskiej przytyły mniej (zwłaszcza w pasie) od tych na diecie niskotłuszczowej. Były też o 30% mniej zagrożone chorobą serca i o połowę mniej zagrożone cukrzycą typu 2. Najwyraźniej szczególnie ważnym elementem diety była oliwa. Kobiety uczestniczące w badaniu, które poproszono o spożywanie dodatkowych kilku łyżeczek oliwy dziennie, były prawie o 68% mniej zagrożone zachorowaniem na raka piersi w porównaniu z tymi, które trzymały się diety niskotłuszczowej.

Pokarmy odżywiające jelita

Oliwa

Oliwa nie tylko wzbogaca smak potraw. Jest też jednym z najzdrowszych tłuszczów, ponieważ zawiera dużo polifenoli i antyoksydantów, które skutecznie łagodzą stany zapalne – zarówno w mózgu, jak i w piersiach czy jelitach.

Oliwa to jeden z dobrych, sycących tłuszczów, dzięki niej będziesz czuć mniejszą pokusę sięgnięcia po przetworzone tłuszcze i cukry nawet parę godzin po jej spożyciu.

Lepiej kupować oliwę zwykłą czy extra virgin? Ja uważam, że wszystko sprowadza się do ceny, wygody i osobistych preferencji. Do gotowania używam zwykłej (wbrew powszechnemu przekonaniu oliwa jest jednym z najbardziej stabilnych tłuszczów do smażenia), a do sałatek dodaję extra virgin.

Wiedz jednak, że nie każda oliwa sprzedawana jako extra virgin naprawdę nią jest. Ponieważ produkcja oliwy extra virgin sporo kosztuje, jest to obecnie jeden z dwóch najczęściej podrabianych produktów na świecie (drugi to miód manuka).

Ten proceder trwa już wiele lat, ale skandal wybuchł w 2010 roku, kiedy badacze z Uniwersytetu Kalifornijskiego w Davis przebadali różne importowane oliwy extra virgin, głównie z Włoch. Ponad 70% z nich nie przeszło testu – albo dlatego, że były zjełczałe, albo ponieważ „chrzczono" je innymi, tańszymi olejami.

Jak pisał Tom Mueller, dziennikarz i autor książki *Extra Virginity: The Sublime and Scandalous World of Olive Oil* („Extra Virginity: wykwintny i skandaliczny świat oliwy"), jest to powszechny problem, zwłaszcza we Włoszech, gdzie w procederze uczestniczy mafia i inne organizacje przestępcze. Popularne sposoby podrabiania oliwy to między innymi dodawanie oleju rzepakowego albo oliw znacznie gorszej jakości. Następnie mieszanka jest chemicznie aromatyzowana i sprzedawana jako oliwa extra virgin.

Jeśli nie masz dostępu do świetnie wyposażonego laboratorium, nie ma skutecznego sposobu wykrycia tego oszustwa. Istnieje wiele mitów na temat testowania oliwy – na przykład włożenie jej do lodówki, by sprawdzić, czy zmieni się w substancję stałą, albo podpalanie jej i sprawdzanie, jak się pali. Żaden z tych domowych testów nie działa. Jeśli chcesz się dowiedzieć, które marki są godne zaufania, a które nie, odwiedź moją stronę internetową cleverguts.com, bo w tej dziedzinie stale pojawiają się nowe informacje.

Tłuste ryby

Podobnie jak oliwa, tłuste ryby są pełne zdrowych tłuszczów o działaniu przeciwzapalnym. W ich przypadku najważniejszym składnikiem są kwasy omega-3. Niestety białe ryby, na przykład dorsz, nie zawierają zbyt dużo kwasów omega-3 i nie są aż takie zdrowe. Mimo wszystko nawet nietłuste ryby stanowią dobre źródło białka. Do niedawna „ekspertów" niepokoiło spożywanie tłustych ryb, ponieważ zawierają one dużo tłuszczu. Na niektórych rządowych stronach wciąż zaleca się mniej tłuste gatunki.

Jeden z moich ulubionych nieszablonowych eksperymentatorów, profesor Hugh Sinclair z Uniwersytetu Oksfordzkiego, przyczynił się do wyjaśnienia tego zamieszania.

W latach 40. XX wieku Hugh Sinclair pojechał na północ Kanady, by badać mieszkańców Arktyki. Kiedyś byli oni znani jako Eskimosi, teraz oficjalnie nazywa się ich Innuitami.

Hugh był zaintrygowany faktem, że chociaż Innuici jedzą mnóstwo tłuszczu i bardzo mało warzyw, choroby serca występują u nich dość rzadko.

Wykonał kolejne badania i odkrył, że tym, co chroni mieszkańców Arktyki przed schorzeniami układu krążenia, są obecne w tłustych rybach kwasy omega-3. Napisał o tym wiele artykułów, ale mało kto zwrócił na nie uwagę. Dlatego w 1979 roku postanowił przejść na dietę Innuitów składającą się z mięsa fok, tłustych ryb, mięczaków i skorupiaków.

Badania na zwierzętach wskazywały, że spożywanie dużej ilości tłuszczów rybnych daje co najmniej jedną korzyść – wydłuża czas krzepnięcia. Zgodnie z nazwą czas krzepnięcia to miara wskazująca, jak długo krzepnie krew. Jest to ważne w przypadku chorób serca, ponieważ to powstanie skrzepu, wykruszenie go i zablokowanie przez niego tętnicy prowadzi w końcu do ataku serca lub udaru.

Parę lat temu postanowiłem powtórzyć jego eksperyment, chociaż musiałem zrezygnować z jedzenia fok (zamówiłem mięso z Kanady, ale zatrzymał je urząd celny). Nie mogłem też znieść myśli, że każdy mój posiłek składałby się z ryb, więc ograniczyłem się do jednej porcji tłustej ryby dziennie. Hugh Sinclair stosował swoją dietę przez trzy miesiące, ja wytrzymałem miesiąc.

Podobnie jak on, przed przejściem na rybną dietę wykonałem badania, między innymi pomiar czasu krzepnięcia. W ciągu miesiąca powtarzałem je kilka razy.

Pod koniec eksperymentu mój poziom złego cholesterolu zmniejszył się o połowę, a czas krzepnięcia stał się dwukrotnie dłuższy.

Bardziej ekstremalna dieta Hugh Sinclaira sprawiła, że czas krzepnięcia wydłużył się u niego z trzech minut do nieco przerażających 50 minut. Mówię, że to przerażające, bo jeśli ma się uraz albo zaczyna się krwawić, krzepnięcie się przydaje – inaczej grozi ci wykrwawienie na śmierć.

Mówiąc w skrócie, obecnie powszechnie uważa się, że jedzenie tłustych ryb co najmniej dwa razy w tygodniu nie tylko zmniejsza ryzyko chorób serca, ale też stanów lękowych, depresji i chorób zapalnych takich jak artretyzm. Ale jak wpływa na mikrobiom?

Nie tylko ja naśladowałem wspaniałego Hugh Sinclaira – niedawno pojawił się ktoś, kto zgodził się zostać królikiem doświadczalnym w badaniu poświęconym jedzeniu ryb[18].

Badany – opisany w eksperymencie jako 45-letni mężczyzna rasy białej – przed rozpoczęciem doświadczenia żywił się dość dobrze i jadł między innymi czerwone mięso oraz warzywa. Na kilka tygodni przeszedł na dietę złożoną wyłącznie z białka rybnego – tym samym spożywał nieco ponad 600 mg kwasów omega-3 dziennie.

Gdy stosował nową dietę, badacze oczywiście pobierali liczne próbki kału. Zauważyli wyraźny wzrost liczby bakterii powiązanych z wytwarzaniem kwasu masłowego. Jak już wcześniej zauważyłem, kwas masłowy odgrywa ważną rolę w utrzymaniu zdrowia jelit. To ważne źródło energii dla jelitowej błony śluzowej (pokrywającej i chroniącej wnętrze jelit), pomaga także złagodzić stany zapalne.

Potem mężczyzna wrócił do normalnego żywienia. Niestety po kilku tygodniach bez ryb badania kału dawały wyniki sprzed diety. Wygląda na to, że jeśli chcemy, by korzyści trwały, trzeba dalej jeść ryby.

Tłuste ryby to między innymi łosoś, tuńczyk, pstrąg, sardynki, makrela i śledź. Niektórzy martwią się rtęcią znajdującą się w rybach, ale ja uważam, że korzyści zdecydowanie przeważają nad ryzykiem. Kobietom w ciąży zaleca się ostrożność i jedzenie nie więcej niż dwóch porcji tygodniowo.

Więcej szczegółów na temat poziomu rtęci w poszczególnych rybach znajdziesz na stronie internetowej Agencji Żywności i Leków (FDA) rządu Stanów Zjednoczonych[19].

Poniżej podaję średnią zawartość rtęci w ppm (liczbie części na milion). Jak widzisz, ryby, których należy unikać, to miecznikі i rekiny (rekinów i tak odławia się o wiele za dużo):

miecznik: 0,995 ppm
rekin: 0,979 ppm
tuńczyk z puszki: 0,128 ppm
dorsz: 0,111 ppm
pstrąg: 0,071 ppm
makrela: 0,050 ppm
łosoś: 0,022 ppm
sardele: 0,017 ppm
sardynki: 0,013 ppm
krewetki: 0,001 ppm.

Kwasy omega-3 można pozyskać też z innych pokarmów, na przykład wołowiny z bydła karmionego trawą, orzechów włoskich, nasion lnu i oleju konopnego, ale w tej formie są mniej przyswajalne. Wiele produktów spożywczych wzbogaca się teraz kwasami omega-3, ale ponieważ pozyskuje się je z alg, mają rybny zapach. Dla potencjalnych klientów margaryna pachnąca rybą nie byłaby oczywiście atrakcyjna, więc producenci maskują zapach chemicznymi aromatami. W ten sposób powstaje pokarm, który jest o wiele mniej zdrowy, niż może się wydawać.

Wspaniałym naturalnym źródłem kwasów omega-3 są także wodorosty (zob. strona 119).

KAPSUŁKI Z TRANEM

A co, jeśli nie lubisz tłustych ryb? Zawsze zostają kapsułki z tranem. Są one bardzo popularne, ale nieszczególnie skuteczne, a przynajmniej nie działają zbytnio na ludzi. Większość ekspertów, z którymi rozmawiałem, wypowiada się o nich sceptycznie, ponieważ nauka nie potwierdza przypisywanych im korzyści zdrowotnych. Duża metaanaliza 89 badań opublikowana w 2006 roku nie wykazała korzyści ze spożywania kapsułek z tranem, a nowszy przegląd z 2012 roku opublikowany w „Journal of the American Medical Association" obejmujący 20 badań na 68 680 pacjentach wykazał także, że zażywanie kapsułek z tranem nie zmniejsza szczególnie ryzyka zawału serca czy udaru[20].

Część problemu może wynikać z niskiej jakości niektórych kapsułek z tranem. Zespół badaczy z Nowej Zelandii zbadał kapsułki z tranem z całego świata i odkrył, że większość z nich zawiera utleniony, czyli zjełczały tłuszcz rybny. Mimo to kapsułki miały przed sobą jeszcze długi okres przydatności do spożycia. Nazwa „kapsułki z tranem" sugeruje, że to coś zdrowego, ale od pozyskania tłuszczu do chwili, aż trafi on do słoiczków na półkach aptek i sklepów, mogą upłynąć nawet trzy lata. Kwasy omega-3 są dość niestabilne i w tak długim czasie tracą właściwości. Połykanie utlenionego tranu raczej nie poskutkuje poprawą zdrowia twojego mikrobiomu, podobnie jak zjedzenie zepsutej ryby.

Najlepszym sposobem, by stwierdzić, czy tran jest zepsuty, jest jego spróbowanie i powąchanie. Jeśli po spożyciu kapsułki nieprzyjemnie odbija ci się rybą, twoje opakowanie może być podejrzane. Kupuj produkty zaufanych firm i przechowuj kapsułki w lodówce. Możesz też odpuścić sobie ich zażywanie – tak jak odpuszczają sobie miliony ludzi.

Niedawno w „Washington Post" pojawił się nagłówek: *Fish oil pills: A $1.2 billion industry built, so far, on empty promises*, czyli

„Kapsułki z tranem: przemysł wart 1,2 miliarda dolarów zbudowany jak dotąd na obietnicach bez pokrycia".

Skoro PR jest taki kiepski, nie dziwi, że zyskowny rynek tranu podupada, a sprzedaż na całym świecie się kurczy. Jeśli bardzo, ale to bardzo nie lubisz ryb, zalecam olej z wątroby dorsza. To również świetne źródło witaminy D. Kiedyś sam nie znosiłem ryb, ale się nawróciłem. W tej książce zawarliśmy parę przepisów na dania z ryb – mam nadzieję, że dzięki nim zmienisz zdanie.

Mięso

No, włączyliśmy do jadłospisu tłuste ryby, ale co z mięsem, zwłaszcza czerwonym – wołowiną, jagnięciną i wieprzowiną? W ostatnich latach widziałem mnóstwo nagłówków w stylu *Czerwone mięso to zawsze ryzyko* oraz *Jeśli chcesz dłużej żyć, zrezygnuj z czerwonego mięsa.*

Na pewno? Spójrzmy na pozytywy: wiemy, że czerwone mięso to świetne źródło białka. Wołowina – w całości lub mielona – zawiera ponadto sporo żelaza i witaminy B12 niezbędnych do wytwarzania zdrowych krwinek. Wielu ludzi cierpi na chroniczny niedobór tych składników. Co więcej, witamina B12 to składnik niezbędny do rozwoju mózgu, jednego z moich ulubionych organów.

Mniej pozytywne jest to, że czerwone mięso zawiera też dużo tłuszczów nasyconych. W gramie wołowiny jest ich jakieś dziewięć razy więcej niż w gramie tofu. Ale czy tłuszcze nasycone rzeczywiście są tak szkodliwe, jak się często twierdzi?

Niedawno spotkałem się z doktorem Ronaldem Kraussem, jednym z najbardziej szanowanych badaczy odżywiania na świecie. Doktor Krauss pracuje w Children's Hospital Oakland Research Institute w Kalifornii. Swoje życie zawodowe spędził, badając relację między tłuszczami nasyconymi a chorobami serca. Robił to między innymi z pobudek osobistych.

Opowiedział mi: „Mój ojciec miał zawał serca, kiedy byłem dzieckiem. Miało to na mnie tak wielki wpływ, że jako sześciolatek postanowiłem rozwiązać problem chorób serca".

Zdobył wykształcenie medyczne, a następnie skupił się na badaniach. Ze względu na chorobę w rodzinie martwił się o własne zdrowie, więc oczywiście stosował się do powszechnych w tamtym czasie porad dietetycznych – przeszedł na dietę niskotłuszczową i unikał bogatych w cholesterol jaj.

Zalecał tę dietę także swoim pacjentom i uczestnikom badań. Problem polegał na tym, że nie dało to takich wyników, jakich się spodziewano. „Sądziliśmy że dzięki tej diecie wszyscy staną się zdrowsi, że ich profil lipidowy się poprawi. Ale zdrowie wielu uczestników się pogorszyło".

Kiedy przechodzi się na dietę niskotłuszczową, tłuszcze trzeba czymś zastąpić. Takim zamiennikiem często były węglowodany, na przykład pieczywo, makaron czy ziemniaki.

Doktor Krauss odkrył, że jedzenie węglowodanów zwiększa poziom szczególnie szkodliwego rodzaju cholesterolu: cholesterolu LDL (lipoproteiny o małej gęstości).

Mimo to większość lekarzy wierzyła, że głównym wrogiem są tłuszcze nasycone. Dlatego Krauss wraz ze współpracownikami postanowił wykonać metaanalizę i zebrał tyle rzetelnych badań, ile tylko zdołał znaleźć. Kiedy w 2010 roku opublikowano jego odkrycia w „American Journal of Clinical Nutrition"[21], okazały się sensacyjne. „Odkryliśmy, że ryzyko zawału serca jest tylko nieznacznie większe. Ryzyko udaru zmniejszyło się. Zatem ogólnie rzecz biorąc, jeśli wziąć pod uwagę oba te schorzenia, efekt był tak naprawdę zerowy".

Inne, nowsze metaanalizy, na przykład ta przeprowadzona na Uniwersytecie Cambridge i finansowana przez British Heart Foundation[22], dały podobne wnioski.

Doktor Krauss nie widzi problemu w jedzeniu czerwonego mięsa dwa razy w tygodniu, chociaż sam woli ryby z warzywami i orzechami. „Unikam ziemniaków, o ile to możliwe, ale moją prawdziwą słabością jest pieczywo. Niemal codziennie zjadam pół rogala, bo nie mogę się oprzeć. Prawie nie jem cukru – wyjątkiem jest niewielki deser czekoladowy. Pozwalam sobie na niego głównie po kolacji, bo uważam, że czekolada to ważny składnik odżywczy".

Inni amerykańscy badacze, na przykład doktor Walter Willett ze School of Public Health Uniwersytetu Harvarda, podchodzą do czerwonego mięsa z mniejszym entuzjazmem.

„Dzięki badaniom wykazaliśmy, że osoby, które spożywały więcej czerwonego mięsa, były bardziej zagrożone wcześniejszą śmiercią w ogóle, śmiercią wskutek choroby serca czy śmiercią wskutek raka", powiedział mi w stołówce Uniwersytetu Harvarda, gdy nonszalancko zajadałem się stekiem. Doktor Willett prawie w ogóle nie je mięsa.

Uważa, że zjadanie 85 gramów dziennie – czyli małego steku – zwiększa ryzyko przedwczesnej śmierci o 13%.

Zaskoczyło mnie to, ponieważ obszerne europejskie badanie[23] dało dokładnie przeciwne wnioski. W badaniu tym, w ramach którego przyglądano się prawie 500 tysiącom ludzi w dziesięciu europejskich krajach przez ponad 12 lat, naukowcy odkryli, że jedzenie czerwonego mięsa w umiarkowanych ilościach nie ma wpływu na śmiertelność.

Mięso może wręcz pełnić funkcję ochronną. Jeżeli je się ponad 160 gramów mięsa dziennie, wtedy owszem – ryzyko choroby serca czy raka jest większe. Ale osoby, które jadły go mniej, nie miały się gorzej od jaroszów – może nawet były nieco zdrowsze.

Jak zatem wyjaśnić te wszystkie pozornie sprzeczne badania? Zwróciłem uwagę między innymi na to, że europejskie badanie wykonano w Europie, gdzie rutynowe podawanie zwierzętom hodowlanym antybiotyków i wspomagaczy wzrostu jest zakazane. W Stanach Zjednoczonych (gdzie badania prowadził doktor Willett) sytuacja wygląda inaczej.

Jeśli tak jak ja kiedykolwiek odwiedziłeś jakiś wielki przemysłowy zakład hodowli bydła w Teksasie i obserwowałeś, jak zwierzętom podaje się kukurydzę, antybiotyki i wspomagacze wzrostu z odrobiną zielonego barwnika (by wszystko wyglądało bardziej strawnie), zapewne nie dziwi cię, że Amerykanie jedzący takie mięso nie są okazami zdrowia.

Moim zdaniem najważniejsze nie jest to, czy mięso jest czerwone czy nie, ale raczej to, czym karmiono zwierzęta, z których pochodzi. Jeśli hodowano je na antybiotykach i wspomagaczach wzrostu, to ich mięso nie przysłuży się ani tobie, ani twojemu mikrobiomowi.

Nadal raz lub dwa razy w tygodniu jem czerwone mięso – wybieram to dobre jakościowo, pochodzące od zwierząt karmionych trawą. Jednak zanim mięsożercy zaczną skakać z radości, muszę ich przestrzec, że mięso przetworzone (na przykład bekon, szynka, kiełbasy i salami) to całkiem inna historia. Więcej na ten temat na stronie 139.

I jeszcze trzy demonizowane pokarmy, które są zaskakująco zdrowe dla jelit

Kakao

Ten, kto wymyślił czekoladę mleczną, był genialnym łotrem. To najbardziej pożądany pokarm na tym świecie. Wiele razy próbowałem z niej zrezygnować – nic z tego! Moje dzieci wiedzą, że jeśli zostawią czekoladę w jakimś widocznym miejscu, prawdopodobnie się nią zaopiekuję. Sam nie kupuję już czekolady mlecznej, bo wiem, że gdy zacznę ją jeść, to pochłonę całą tabliczkę. Parę tygodni temu wracałem do domu i zatrzymałem się, by zatankować. Gdy byłem na stacji, „przypadkiem" kupiłem tabliczkę mlecznej czekolady. Po powrocie do auta rzuciłem ją na tylne siedzenie, licząc, że nie dam się skusić. Przeliczyłem się – myślałem o niej przez kolejne 15 kilometrów i w końcu musiałem zjechać na pobocze, by ją pożreć.

Mleczna czekolada jest kusząca z wielu powodów – między innymi dzięki smakowi, zapachowi i temu, że rozpływa się w ustach. Nie bez znaczenia pozostaje też oczywiście kwestia marketingu. Dodatkowo cechują ją magiczne proporcje 50:50. Połowa kalorii w tabliczce czekolady to cukier, a połowa to tłuszcz. Na pewno zauważysz, że tak samo jest z wieloma pokarmami, których pożądasz, między innymi z pączkami i lodami.

Chociaż mówi się, że cukier uzależnia, mało kto ma ochotę jeść go wprost z cukierniczki. Niewiele osób wypiłoby też szklankę tłustej śmietany. Ale gdy wymieszać je razem, dodać aromaty i zamrozić, powstają niesamowicie kuszące lody.

Dlaczego proporcje 50:50 są takie ważne? Może dlatego, że właśnie tyle wynosiły w pierwszym jedzonym przez nas pokarmie. Pijąc mleko kobiece, tyle samo kalorii czerpiemy z cukru, ile z tłuszczu – to wyjątek, jeśli chodzi o żywność nieprzetworzoną. Melon zawiera dużo cukru, ale nie tłuszczu. Stek zawiera dużo tłuszczu, ale nie cukru. To jedna z teorii, których prawdziwości trudno dowieść, ale uważam, że brzmi wiarygodnie.

Niezależnie od przyczyny moje uzależnienie od czekolady jest beznadziejne. Aby przezwyciężyć zachcianki, przeszedłem na gorzką czekoladę, która zawiera mniej cukru i jest dla mnie o wiele mniej uzależniająca. Z radością donoszę też, że w diecie śródziemnomorskiej gorzka czekolada jest dozwolona, zwłaszcza jeśli zawiera dużo kakao. Niezdrowym składnikiem czekolady nie jest kakao, ale cukier. Samo kakao jest zaskakująco zdrowe. Po rozłożeniu w jelicie grubym wytwarza tlenek azotu, który rozszerza tętnice i wzmacnia układ krążenia. Kakao jest też świetnym źródłem flawonoidów i polifenoli, które, jak już wiesz, mają korzystny wpływ na bakterie jelitowe.

Jaja

Jem jaja prawie codziennie rano. Do niedawna uważano, że to dietetyczne samobójstwo. Cholesterol był tak samo demonizowany jak tłuszcz. Skoro twierdzenie, że tłuszcz zapycha tętnice, brzmiało zdroworozsądkowo, to oczywiste było, że pokarmy bogate w cholesterol, na przykład jaja i owoce morza, doprowadzą do tego samego. Przekonywano nas, by jeść co najwyżej kilka jaj tygodniowo, i wiele osób zaczęło spożywać omlety z samych białek. To była wielka strata, bo prawie wszystkie składniki odżywcze znajdują się w żółtku.

Okazuje się, że podobnie jak lęk przed tłuszczem, lęk przed jajami był całkowicie chybiony. Metaanaliza 17 badań opublikowana w „British Medical Journal" zawiera wniosek, że „większe spożycie jaj nie wiąże się ze zwiększonym ryzykiem choroby niedokrwiennej serca ani udaru"[24]. Organizacje rządowe na całym świecie całkowicie zmieniły zalecenia: wszyscy namawiają nas teraz, żebyśmy jedli więcej jaj.

Jajecznica, jaja gotowane, w koszulkach czy omlety to wspaniałe źródło białka oraz witamin i minerałów. W ugotowanym jajku jest około 90 kalorii – to połowa tego co w misce słodkich płatków śniadaniowych i jedna czwarta tego co w rogaliku francuskim z masłem i dżemem (ponad 400 kalorii). W przeciwieństwie do płatków czy rogalika jaja, dzięki białku, nasycą cię na dłużej.

Nie znalazłem żadnych badań wskazujących, że jedzenie jaj dobrze wpłynie na twój mikrobiom, ale jeżeli dzięki temu nie zjesz słodkich płatków na śniadanie ani nie pochłoniesz babeczki przed południem, to możemy mówić o sukcesie.

Wino

Wszyscy wiemy, że duże ilości alkoholu są bardzo szkodliwe, ale co ze spożywaniem go w umiarze? W słynnym badaniu Predimed ochotnicy, których przydzielono do grupy diety śródziemnomorskiej, mogli pić jeden lub dwa kieliszki wina do wieczornego posiłku. Wynik jednak zaprzecza licznym współczesnym badaniom medycznym, zgodnie z którymi szkodzi nam prawdopodobnie każda ilość alkoholu. Gdzie zatem leży prawda?

Niedawne badanie przeprowadzone w USA[25] potwierdza, że umiarkowane ilości alkoholu mogą być zdrowe. W ramach tego badania naukowcy przez 24 lata przyglądali się ponad 14 tysiącom dorosłych w wieku co najmniej 45 lat. Odkryli, że ci, którzy pili nie więcej niż 12 jednostek alkoholu tygodniowo (to odpowiednik mniej więcej sześciu kieliszków wina w tygodniu), byli obciążeni mniejszym ryzykiem chorób serca od tych, którzy nie pili wcale. Ale co z mikrobiomem?

Z pozoru może się wydawać, że mikrobiom nie znosi alkoholu. Czysty alkohol to śmierć dla wszystkich mikroskopijnych stworzeń – dlatego używamy chusteczek nasączonych alkoholem, kiedy chcemy dokładnie oczyścić dłonie. Wiemy też, że alkohol może powodować stan zapalny żołądka, a to nic dobrego. Ale napoje alkoholowe takie jak wino zawierają też inne związki, między innymi polifenole.

Jak się przekonaliśmy, polifenole to substancje chemiczne występujące w herbacie, kawie, winie, owocach, warzywach i czekoladzie. Kiedy się je spożywa, mniej więcej połowa pokarmu lub napoju trafia przez jelito cienkie wprost do jelita grubego, gdzie bardzo silnie wpływa na mikrobiom.

Aby dokładnie sprawdzić, jak działają polifenole w czerwonym winie, hiszpańscy badacze poprosili o udział w eksperymencie dziesięciu zdrowych mężczyzn w średnim wieku[26]. Po jednym tygodniu bez alkoholu przypisano ich losowo do grupy pijącej jeden kieliszek czerwonego wina (270 ml), wina bezalkoholowego lub ginu (100 ml) raz dziennie do wieczornego posiłku. Po 20 dniach zmienili grupy – każdy ochotnik musiał zrealizować każdy z trzech programów. W ciągu całego eksperymentu regularnie pobierano próbki krwi i kału.

Badacze odkryli, że u ochotników pijących czerwone wino oraz – w mniejszym stopniu – u pijących wino bezalkoholowe – znacznie spadało ciśnienie krwi, poziom białka C-reaktywnego (CRP – wskaźnik stanu zapalnego) oraz poziom trójglicerydów (czyli tłuszczu krążącego we krwi).

Ponadto zaszła wyraźna zmiana w składzie bakterii jelitowych, wzrosła zwłaszcza liczba *Bacteroidetes*, bakterii kojarzonych ze szczupłą sylwetką. Zauważono też spory wzrost bakterii z rodzaju *Bifidobacteria* kojarzonych z obniżeniem poziomu cholesterolu.

Wygląda na to, że wśród napojów z procentami czerwone wino wygrywa z białym, a mocne alkohole nie dają żadnych wyraźnych korzyści. Jeśli chodzi o piwo, czyli „tosty w płynie", raczej go unikam, ponieważ zawiera dużo węglowodanów. Jeśli chcesz schudnąć lub jeśli w twoich jelitach są bakterie redukujące siarczany, piwo powinno trafić na listę napojów zakazanych.

Owoce i warzywa

Wszyscy wiedzą, że owoce i warzywa są zdrowe, ale nawet ci, którym udaje się zjeść ich codziennie pięć lub więcej, ograniczają się do mało różnorodnej palety. Chociaż większość osób zdaje sobie sprawę, że marchewki, sałata i pomidory to nie wszystko, zazwyczaj nie otwieramy się na nowe smakowe doznania. Oznacza to, że nasz mikrobiom też jest dość skromny. Jednym ze sposobów na zwiększenie jego różnorodności jest jedzenie bardziej kolorowych dań. (Pamiętasz Dave'a z IBS i jego beżową dietę? Ze smutkiem donoszę, że to jedna z częstych przyczyn problemów jelitowych).

Dlaczego kolory są ważne – poza tym, że dzięki nim posiłek wygląda atrakcyjniej? Pigmenty wytwarzane przez rośliny nie tylko nadają im barwę, ale też dodają zdrowia, ponieważ składają się z setek różnych bioaktywnych związków i fitoskładników. Spożywanie różnorodnych kolorowych owoców i warzyw dostarczy twoim bakteriom jelitowym pożywienia, a tobie – składników odżywczych.

FITOSKŁADNIKI

Fitoskładniki – nazywane też związkami fitochemicznymi – są skoncentrowane w skórkach owoców i warzyw. Odpowiadają za ich kolor, zapach i smak. Pomagają też chronić rośliny przed grzybami i bakteriami. Najlepiej znane fitoskładniki to karotenoidy, flawonoidy i polifenole. Karotenoidy i flawonoidy znajdują się w żółtych, pomarańczowych, czerwonych, niebieskich i fioletowych owocach oraz warzywach (zajrzyj do przepisu na sałatkę z fitoskładnikami na stronie 200). Polifenole zawarte są w pokarmach takich jak kakao, oliwki, ciemna czekolada, kawa, herbata i czerwone wino. Jest ich też dużo w suszonych ziołach[27].

Zielony

Istnieją dwa rodzaje zielonych warzyw. Liściaste zielone warzywa, na przykład szpinak, burak liściowy, sałata i jarmuż, to dobre źródła niezbędnych minerałów, między innymi magnezu, manganu i potasu. Szpinak zawiera też dużo kwasu foliowego i betainy, które pomagają regulować homocysteinę (jej wysoki poziom może wskazywać na choroby serca).

Inna ważna klasa zielonych warzyw to warzywa kapustne – zawierają siarkę i związki siarkoorganiczne. Należą do nich kapusta, kalafior i brokuły. Siarka jest niezbędna do produkcji glutationu, ważnego antyoksydantu, a także aminokwasów niezbędnych do budowy tkanek i mięśni.

Ostrzegam jednak: jeśli cierpisz na chorobę zapalną jelit, rozsądne będzie ich unikanie. Chociaż siarka świetnie działa na zdrowe jelita, może zaostrzać stany zapalne.

Spożywanie pokarmów bogatych w siarkę może być też niekorzystne pod względem towarzyskim. Nawet ludzie bez problemów jelitowych zauważają, że po zjedzeniu warzyw kapustnych (zwłaszcza brukselki) mają skłonność do psucia powietrza. Jedna trzecia ludzkości ma w jelitach dużo bakterii redukujących siarczany, które zmieniają siarkę z pożywienia w siarkowodór (o zapachu zgniłych jaj). Jeśli pokój pustoszeje jakiś czas po tym, jak zjadłeś warzywo z rodziny kapust lub wypiłeś kilka kufli piwa i przegryzłeś je kanapką z białego pieczywa (jedno i drugie także zawiera mnóstwo siarki), już wiesz dlaczego.

Żółty, pomarańczowy i czerwony – karotenoidy

Owoce i warzywa w kolorze pomarańczowym, żółtym lub czerwonym często są bogate w karotenoidy. To także dzięki karotenoidom jesienne liście mają takie piękne kolory. Do pokarmów bogatych w te substancje należą oczywiście marchewki. Karotenoid występujący w marchewkach przekształcany jest w retinol, aktywną formę witaminy A. Fakt, że witamina A ważna jest dla zdrowia oczu, wyjaśnia między innymi, czemu marchewka ma ułatwiać widzenie w ciemności. Karotenoidy występują także w żółtkach jaj, bananach, melonach, pomidorach, papryce i dyni. Jednym z popularnych bogatych w karoteny owoców jest pomidor. Dzięki swojemu intensywnemu smakowi umami to najbardziej popularny owoc na świecie. Właśnie tak - owoc, nie warzywo.

Czarny, zielony, żółty – flawonoidy

Nazwa flawonoid pochodzi od łacińskiego słowa *flavus* - żółty. Ta wszechstronna substancja nie tylko przyciąga do rośliny owady w celu zapylenia, ale też chroni ją przed szkodliwymi promieniami UV. U ludzi flawonoidy mogą pomagać w zwalczaniu alergii, stanów zapalnych i infekcji, a także w zapobieganiu efektowi jo-jo. Pomimo pierwotnego znaczenia nazwy pokarmy zawierające dużo flawonoidów mają różne kolory - należą do nich pietruszka, czarna herbata, czerwone wino, jabłka, kakao i orzeszki ziemne.

Niebieski i fioletowy

Niebieskie i fioletowe pokarmy mają takie kolory dzięki rodzajowi flawonoidów - antocyjanom. Im bardziej intensywny jest kolor, tym większa koncentracja antocyjanów. Jest ich dużo w jeżynach, borówkach, czarnych marchewkach, czerwonej kapuście i skórce bakłażana.

Jedzenie bogatych w antocyjany borówek może wspomagać pamięć, gdy się starzejemy. Sprzyjają one także rozrostowi dobrych bakterii, takich jak *Bifidobacterium* oraz *Lactobacillus*.

Biały

Białe pokarmy bogate w fitoskładniki to między innymi czosnek, biała cebula, szalotka i por. Zawierają one między innymi alliinę, związek organiczny siarki. Najdokładniej zbadany z tej grupy jest czosnek, który od wieków stosuje się w lecznictwie i kuchni.

Chociaż nie ma dowodów na to, że czosnek odstrasza wampiry, wydaje się, że skutecznie zabija „złe" mikroorganizmy. Tradycyjnie je się go na surowo, by leczyć kaszel, przeziębienie i zapalenie krtani.

Badanie kliniczne wykorzystujące napar z czosnku jako płukankę do ust wykazał pozytywne rezultaty, chociaż „czosnkowy oddech" stanowił jej zdecydowaną wadę.

Zioła i przyprawy

Wiele suszonych ziół, między innymi tymianek, oregano i bazylia, zawiera dużo polifenoli, z kolei imbir i kmin rzymski mają właściwości przeciwzapalne. Jednak przyprawa w największym stopniu słynąca ze wspomagania jelit to kurkuma.

Kurkuma

Kurkuma to żółtopomarańczowa przyprawa bardzo popularna w kuchni południowoazjatyckiej. Nadaje wyrazisty kolor daniom takim jak kurczak tikka masala oraz zupa kalafiorowa z curry. Kurkumie przypisuje się liczne właściwości zdrowotne. Ale czy słusznie?

W kurkumie jest co najmniej 200 różnych związków, spośród których szczególnie interesująca jest kurkumina. Niedawny przegląd badań naukowych[28] wykazał, że kurkuma ma silne właściwości antyoksydacyjne i przeciwzapalne. Dobrze hamuje rozrost złych bakterii, pasożytów i patogennych grzybów oraz bezpośrednio chroni ściany jelit.

Większość badań na ludziach przeprowadzono z zastosowaniem dużych dawek kurkumy lub kurkuminy zażywanych w formie kapsułek. Ale jak skuteczna jest kurkuma spożywana z jedzeniem? Niedawno brałem udział w eksperymencie, w ramach którego losowo podzieliliśmy prawie 100 ochotników na dwie grupy: jedna z nich codziennie przyjmowała łyżeczkę kurkumy, druga placebo, a trzecia – suplement. Osoby, które spożywały kurkumę, dodawały ją do gotowanych dań, posypywały nią jogurt albo mieszały ją z ciepłym mlekiem. Nie wszyscy byli zachwyceni smakiem. Niektórzy mówili, że jest „mocny i pozostawia posmak".

Mimo to wytrwali i po sześciu tygodniach zobaczyliśmy wyraźne zmiany w aktywności licznych genów u osób spożywających kurkumę.

Profesor Martin Widschwendter z londyńskiego University College, który przeprowadził ten eksperyment, był zaskoczony i zachwycony wynikami. „To było ekscytujące - powiedział mi. - Największa różnica zaszła w jednym konkretnym genie. Co ciekawe, wiemy, że ten gen wpływa na kilka konkretnych chorób: depresję, raka, astmę i egzemę. To naprawdę zadziwiające odkrycie".

Trzeba przeprowadzić jeszcze liczne dalsze badania, ale uważam, że kurkuma to przyprawa, której warto używać. Zawarliśmy ją w wielu naszych przepisach, między innymi na pyszną latte (zob. strona 184). Pieprz zwiększa biodostępność kurkuminy, czyli ilość aktywnego związku przyswajanego w jelitach. Lubię posypywać poranny omlet kurkumą oraz chili i pieprzem.

Błonnik

Jedząc więcej owoców i warzyw, będziesz też spożywać więcej błonnika - dla większości z nas to dobrze, bo jemy go zdecydowanie za mało. W typowej zachodniej diecie spożywa się mniej niż połowę zalecanej dawki, która wynosi minimum 25 gramów dziennie.

U większości ludzi zwiększenie spożycia błonnika zapewne przysłuży się jelitom, sercu i sylwetce. Ale jeśli masz chore jelita, lepiej z nim uważać.

Prebiotyki – smakołyki dla „starych przyjaciół"

Chociaż błonnik jest zdrowy prawie w każdej formie, niektóre jego rodzaje szczególnie pomagają nam utrzymać bakterie jelitowe w dobrym stanie. Nazywamy je prebiotykami. Prebiotyk to szczególny rodzaj błonnika roślinnego, którego organizm nie jest w stanie strawić, ale który wspomaga rozrost dobrych bakterii w jelitach. Dobre bakterie jelitowe zmieniają prebiotyczny błonnik w substancje chemiczne, na przykład kwas masłowy. Jak już wspomniałem, kwas masłowy ma działanie przeciwzapalne. Prebiotyki przypominają trochę nawóz – przyspieszają wzrost dobrych bakterii.

Inulina

To jeden z najlepiej znanych prebiotyków. Występuje w wielu roślinach, ale tylko kilka zawiera jej naprawdę dużo. Spożywanie pokarmów bogatych w inulinę nie tylko wspomaga zdrowie mikrobiomu i łagodzi zaparcia, ale też może wpłynąć na zdrowie kości, zwiększając przyswajanie wapnia, a także zmniejszyć ryzyko choroby serca, obniżając poziom trójglicerydów we krwi. Pokarmy bogate w inulinę to między innymi:

1. Cebula, por i czosnek

Tak, znowu one. Jest w nich mnóstwo inuliny. Na szczęście uwielbiam tę rodzinę roślin i często dodaję je do dań. W naszych przepisach pojawiają się bardzo często. Hiszpanie robią wspaniały sos pomidorowy zwany sofrito. Jego składniki to czosnek, cebula, ostra papryka i pomidory – wszystko gotuje się razem z oliwą. Smakuje pysznie z kurczakiem, rybą lub krewetkami. To smakołyk dla przyjaciół przy stole i „starych przyjaciół" w brzuchu. Na końcu książki znajdziesz nasz przepis na sos pomidorowy (zob. strona 227).

2. Cykoria

Cykorię zwykle jada się w sałatkach. Ma blade, nieco gorzkawe liście, częściowo zabarwione na zielono lub fioletowo. Jedna z jej odmian to cykoria radicchio o kolorowych czerwono-białych liściach. Należy do rodziny astrowatych i jest blisko spokrewniona z sałatą oraz mniszkiem. W niektórych krajach ze zgniecionych liści cykorii wciąż robi się okłady na stany zapalne skóry. Korzeń zawiera szczególnie dużo inuliny – stanowi ona prawie połowę zawartego w nim błonnika. Z korzenia cykorii produkuje się na przykład bezkofeinową kawę zbożową.

3. *Liście mniszka pospolitego*

Są smaczne w sałatkach i stanowią świetne źródło inuliny. Możesz sprawić, że będą smaczniejsze, blanszując je – to pozbawi je gorzkiego smaku – albo podgrzewając na suchej patelni jak szpinak. Nie są aż takie gorzkie przed pojawieniem się kwiatu. Dodaj garść liści do sałatki – zyska bogatszy smak i będzie bardziej chrupiąca. Nie musisz ich daleko szukać, bo rosną jako chwast. Możesz też kupić je w sklepach ze zdrową żywnością. Mlecze wykorzystuje się w tradycyjnym ziołolecznictwie do leczenia infekcji i problemów wątrobowych (prosty przepis na gorzką sałatkę pobudzającą wydzielanie enzymów znajdziesz na stronie 190).

4. *Topinambur*

Ponad 70% błonnika w topinamburze to inulina – stanowi nawet 1–2% jego wagi, jest to więc jeden z najbogatszych w ten prebiotyk pokarmów. W USA nazywa się go czasem *sunchoke* lub *fartichoke*, ponieważ duże ilości zawartych w nim niestrawnych węglowodanów prawie zawsze skutkują gazami. Jeśli jesz topinambur na kolację, nie zamykaj okna. Jeżeli nie jadasz warzyw regularnie albo cierpisz na IBS, lepiej unikać topinamburu. Przepis na pyszną zupę z topinamburu znajdziesz w rozdziale z przepisami (zob. strona 195). Topinambur zawiera nie tylko dużo inuliny, ale też sporo witaminy B1, żelaza i potasu oraz niezłą dawkę miedzi i witaminy C.

5. Szparagi

Prawie 3% szparagów to inulina. W dodatku jest w nich zaskakująco dużo białka. Czasem gotuję je na parze przez parę minut, a potem chwilę grilluję i jem na gorąco z sokiem z cytryny i masłem. Jedyną wadą szparagów jest to, że po paru godzinach twój mocz może mieć dziwny zapach. Z własnego doświadczenia mogę powiedzieć, że wyczuwalny jest aromat siarki – może cię zaskoczyć, jeśli się tego nie spodziewasz. Nie każdy jednak będzie wydalał mocz o intensywnym zapachu po zjedzeniu szparagów i nie każdy go wyczuje.

Jako że ludzie prawie wszystko chcieliby zbadać statystycznie, w Wielkiej Brytanii i Stanach Zjednoczonych sprawdzono, jaki procent osób wydala po zjedzeniu szparagów mocz o dziwnym zapachu. Brytyjskie badanie z 1987 roku[29] wykazało, że tylko u 43% mężczyzn mocz po zjedzeniu szparagów nabiera charakterystycznego zapachu i że jest to dziedziczne. W badaniu amerykańskim[30] ustalono, że u 79% Amerykanów pojawia się wyczuwalny zapach.

6. Banany

W bananach inuliny jest niezbyt dużo – mniej niż 1% – ale za to są bogate w liczne minerały i witaminy. Równocześnie zawierają też sporo cukru. Warto włączyć do diety szczególnie zielone lub niedojrzałe banany – to dobre źródło skrobi opornej, która także stanowi ważny prebiotyk.

Skrobia oporna

Skrobia oporna to rodzaj skrobi, która – jak wskazuje nazwa – opiera się trawieniu w żołądku oraz jelicie cienkim i dociera do jelita grubego w znacznym stopniu nienaruszona. Po zjedzeniu skrobi opornej prawdopodobnie nie odczujesz dużego skoku poziomu cukru we krwi, bo wydalisz większość kalorii w niej zawartych. Kiedy dotrze już do jelita grubego, będzie pożywką dla dobrych bakterii, które strawią ją i zaczną wydzielać kwas masłowy. Jak się już przekonaliśmy, kwas masłowy łagodzi stany zapalne i wzmacnia ściany jelit.

Skrobi opornej jest dużo w ziarnach, nasionach i roślinach strączkowych. Występuje też w niedojrzałych bananach i zielonym groszku. Jedne z najbardziej zaskakujących jej źródeł to makaron oraz ryż po ugotowaniu i wystudzeniu.

Dowiedziałem się o tym ciekawym odkryciu, gdy badacze, z którymi współpracowałem, zwrócili się do doktor Denise Robertson z Uniwersytetu w Surrey z prośbą o przeprowadzenie dość dziwnego eksperymentu. Ochotnikom powiedziano, by zjedli makaron z sosem pomidorowym na gorąco, na zimno lub po odgrzaniu. Po każdym posiłku zmierzono im poziom cukru we krwi i odkryto – tak jak się spodziewaliśmy – że jedzenie zimnego makaronu prowadziło do mniejszego skoku poziomu glukozy i insuliny niż jedzenie makaronu zaraz po ugotowaniu. To dlatego, że gotowanie i chłodzenie makaronu prowadzi do zmiany struktury zawartej w nim skrobi, przez co bardziej opiera się ona trawieniu.

Potem jednak odkryliśmy coś niespodziewanego – gotowanie, chłodzenie i odgrzewanie makaronu prowadziło do jeszcze większych zmian. Mówiąc dokładnie, jedzenie odgrzewanego makaronu miało jeszcze mniejszy wpływ na poziom cukru we krwi niż jedzenie makaronu schłodzonego. U naszych ochotników skok w poziomie cukru we krwi zmalał o 50%. To pokazuje, że po odgrzewaniu skrobia w makaronie stała się jeszcze bardziej oporna. O ile wiem, nigdy wcześniej tego nie mierzono.

Pewien czas po tym, jak przeprowadziliśmy ten eksperyment, grupa na Sri Lance wykonała podobne badanie z ryżem. Odkryli, że jeśli ugotuje się ryż z odrobiną oleju kokosowego, schłodzi, a następnie odgrzeje w mikrofalówce, można zwiększyć poziom skrobi opornej mniej więcej 15-krotnie. Badacze uważają, że jedzenie takiego ryżu prawdopodobnie o połowę zmniejsza liczbę kalorii, które zostaną wchłonięte w przewodzie pokarmowym.

Jest to przynajmniej dobry powód, by zużyć niezjedzony makaron czy ryż zalegający w lodówce. Tak przy okazji – twierdzenie, że odgrzewanie ryżu jest niebezpieczne, to prawie całkowity mit. O ile nie stał w ciepłym miejscu przez wiele godzin, nie powinien ci ani trochę zaszkodzić. Listę pokarmów zawierających najwięcej skrobi opornej znajdziesz na stronie 241.

Inne dobre źródła błonnika

Jęczmień

Jęczmień to stara odmiana zboża o pysznym, nieco orzechowym smaku. Dobrze pasuje do zupy czy gulaszu, dodając im masy. Jęczmień to także dobry prebiotyk, ponieważ zawiera dużo beta-glukanu. Beta-glukan, podobnie jak inulina, wspomaga wzrost przyjaznych bakterii w jelitach. Beta-glukan wiąże LDL, czyli zły cholesterol, zapobiegając jego wchłanianiu przez ściany przewodu pokarmowego i obniżając w ten sposób jego poziom we krwi.

Owies

Podobnie jak jęczmień, pełne ziarno owsa zawiera dużo beta-glukanu, a także nieco skrobi opornej. Wykonałem mały eksperyment, w ramach którego przez miesiąc codziennie jadłem na śniadanie płatki owsiane, i przekonałem się, że poziom mojego złego cholesterolu spadł mniej więcej o 10%. Wykorzystanie pełnoziarnistych płatków owsianych – takich, które trzeba dłużej gotować – spowolni też uwalnianie skrobiowych węglowodanów i cukrów, a błonnik będzie miał większe szanse na dotarcie do bohaterów w twoich jelitach. Bardziej przetworzone płatki błyskawiczne są mniej sycące i bardziej podniosą twój poziom glukozy. (Płatki owsiane możesz wykorzystać do przyrządzenia granoli – nasz przepis znajdziesz na stronie 178).

Nasiona lnu

Te nasiona o nieco orzechowym smaku to kolejny bardzo zdrowy prebiotyk. Możesz je zmielić i posypać nimi poranną owsiankę albo uprażyć w całości i dodać do sałatki, by nadać jej smakowitej chrupkości. Nasiona lnu to też niezłe źródło kwasów omega-3, chociaż – inaczej niż w przypadku ryb – niewielka ich ilość ma formę aktywną, nadającą się do wykorzystania przez organizm. Jest w nich za to dużo nierozpuszczalnego błonnika – celulozy. Błonnik w nasionach lnu odżywia mikrobiom i prawdopodobnie pomoże ci uregulować wypróżnienia. (Zob. przepis na nasz chlebek z nasion lnu na stronie 188).

Jabłka

Uwielbiam jabłka. Są to jedne z najzdrowszych owoców, o ile zjada się je w całości, a nie tylko pije sok. To kolejne dobre źródło prebiotyków – zawierają mało cukru i dużo pektyny. Jedzenie jabłek zwiększa produkcję naszego kochanego kwasu masłowego, krótkołańcuchowego kwasu tłuszczowego, który dokarmia dobre bakterie. Jabłka zawierają też dużo antyoksydantów polifenolowych. Uwielbiam duszone jabłka z jogurtem, lubię również kroić je w kostkę i piec w piekarniku posypane cynamonem (zob. strona 233).

Wodorosty

Zanim zacząłem gromadzić materiały do tej książki, śliskie, mokre wodorosty o wyrazistym morskim smaku były mi raczej obce. To popularny pokarm w wielu częściach świata, zwłaszcza w Japonii, Chinach, Korei i na Tajwanie. Wodorosty mają różne kolory, między innymi zielony, brązowy i czerwony. Wszystkie współczesne rośliny lądowe pochodzą od zielonych odmian wodorostów, co pokazuje, jak bogaty jest świat tych morskich roślin.

Gatunek wodorostów, z którym najprawdopodobniej zetknąłeś się w jedzeniu, to nori wykorzystywane do sushi. Inne popularne rodzaje to dulse (powiedziano mi, że po usmażeniu smakują jak bekon – wcale nie), kelp, którego używa się jako bezglutenową alternatywę dla makaronu, oraz spirulina.

Nie wszystkie wodorosty są jadalne, niektóre są nawet trujące, więc jeśli nie znasz się na rzeczy, lepiej unikaj zbierania ich na plaży i zjadania.

Jadalne wodorosty to świetne prebiotyki pełne witamin i minerałów, a także błonnika i kwasów omega-3. Skoro mają wszystkie te zalety, to nic dziwnego, że uznano je za *superfoods*. Ale gdzie dowody?

Z licznych badań przeprowadzonych na zwierzętach wynika, że korzyści ze spożywania wodorostów są spore. Na przykład badacze z University College w Dublinie wykazali, że podawanie wyciągu z wodorostów świniom ma długotrwały wpływ na ich potomstwo. Młode mają w jelitach mniej szkodliwych bakterii, na przykład *E. coli*, w ciągu całego swojego życia potrzebują mniej antybiotyków i tyją o wiele szybciej niż młode karmione standardowo. A jakie są wyniki badań na ludziach?

Doktor Pia Winberg pracująca na uniwersytecie w Wollongong w Australii nazywa siebie hodowcą wodorostów. Niezwykle entuzjastycznie opowiada o potencjale tych roślin i ich długiej historii: „Ludzie wykorzystują wodorosty od najdawniejszych czasów – udokumentowane jest ich stosowanie już w tasmańskich społecznościach Aborygenów. Jemy wodorosty od tysięcy lat".

Dodaje, że trafiają one do pasty do zębów, farb, tuszu do drukarek, lodów i dressingów sałatkowych. Naukowcy testują nawet spray do nosa na bazie żelu z wodorostów przeciw ptasiej grypie. Jednak doktor

Winberg interesuje się przede wszystkim wpływem wodorostów na mikrobiom – prowadzi eksperymenty na tym polu nie tylko w laboratorium, ale i w domu.

„Wykonałam wiele badań na swoich dzieciach i na każdym, kogo miałam pod ręką. Krew, siusiu i kupa to dla dzieci zawsze coś ciekawego".

Niedawno ukończyła jedno z pierwszych badań na ludziach poświęcone wpływowi wodorostów na jelita i planuje wkrótce opublikować jego wyniki. Zrekrutowano 64 osoby zmagające się z nadwagą lub otyłością. Następnie podzielono je losowo na trzy grupy, z których każda przez sześć tygodni codziennie zażywała jeden z trzech rodzajów kapsułek – zawierających odpowiednio dwa gramy specjalnego błonnika z wodorostów, cztery gramy błonnika i placebo.

Ochotnicy przez sześć tygodni codziennie połykali kapsułkę i ani oni, ani przyglądający się im naukowcy nie wiedzieli, kto spożywa wodorosty, a kto łyka placebo. Próbki krwi i kału pobrano na początku, a potem na końcu badania. Jakie były odkrycia?

Pia powiedziała mi: „Przekonaliśmy się, że znacznie spadło nasilenie stanów zapalnych i zwiększyła się wrażliwość insulinowa. Przyglądając się próbkom stolca, odkryliśmy też, że u osób, które spożywały aktywne suplementy z wodorostami, mniej więcej 15 różnych odmian bakterii zwiększyło liczebność".

Mowa głównie o bakteriach, które wytwarzają krótkołańcuchowe kwasy tłuszczowe, na przykład kwas masłowy (ten z kolei wspomaga wzrost błony śluzowej).

Jednak zdaniem Pii szczególnie ciekawe były inne korzyści. „Dzięki większej ilości błonnika wszyscy zażywający suplementy z wodorostami zgłaszali, że ich wypróżnienia stały się bardziej regularne. Przed badaniem nie zdawałam sobie sprawy, jak wiele osób ma zaparcia. Pod koniec badania, gdy uczestnicy dowiedzieli się, co spożywali, chcieli dalej przyjmować kapsułki – właśnie z tego powodu".

Ochotnicy zażywający kapsułki z wodorostami zgłaszali też, że mają mniejszą chęć na cukier i węglowodany proste. Pia uważa, że wynika to z wywołanych przez wodorosty zmian we florze jelitowej. To z kolei wyjaśniłoby wzrost poziomu insuliny u uczestników.

Spytałem, czy wodorosty wywołały u kogoś gazy.

„W tym badaniu tego nie zauważyliśmy – odparła Pia. – Kilku uczestników z IBS zgłosiło nawet, że po raz pierwszy mogli jeść kapustę i inne warzywa kapustne. To dane niesprawdzone, ale są ciekawe. Najbardziej zadziwiające rezultaty odczuła kobieta, która cierpiała na ostrą łuszczycę – mówiła dalej. – Choroba tak ostro zaatakowała jej dłonie, że skóra po prostu cały czas się łuszczyła. Od dwóch lat chodziła w bandażach, straciła pracę. Po czterech tygodniach badania zdjęła bandaże i jej skóra wyglądała dobrze. Po zakończeniu badania przestała zażywać kapsułki. Trzy tygodnie później skóra na dłoniach znów zaczęła schodzić. Kiedy chora przyjmowała kapsułkę, poziom substancji prozapalnych w jej krwi spadał, więc być może zmniejszenie stanu zapalnego wpływało korzystnie na jej skórę. Przebadaliśmy ją już pięć razy, na zmianę podając i odstawiając wodorosty. Za każdym razem, gdy ich nie spożywa, skóra na dłoniach się łuszczy. Kiedy znów zaczyna je przyjmować, łuszczyca znika".

Pia i jej zespół rozszerzają teraz badania kliniczne, by przyjrzeć się właśnie osobom z łuszczycowymi zmianami skórnymi.

Główną wadą wodorostów jest ich rybny posmak. Jednak przepisy zawarte w tej książce przetestowaliśmy na wybrednych konsumentach, między innymi moich dzieciach, i zostały zaakceptowane. Jeśli chcesz dowiedzieć się więcej o badaniach Pii i o tym, gdzie kupić kapsułki z błonnikiem z wodorostów, zajrzyj na naszą stronę internetową. Gdy Pia opublikuje wyniki swojego badania, zamieścimy do niego link.

Probiotyki – jak zaprosić więcej „starych przyjaciół"

W przeciwieństwie do prebiotyków, które są jak nawóz dla mikrobiomu, probiotyki to żywe bakterie lub drożdże, które posyłasz do jelita grubego w nadziei, że się tam zadomowią i będą ci sprzyjać.

Aby przeżyć podróż do jelita grubego, probiotyki muszą przetrwać kąpiel kwasową w żołądku oraz zalew soków trawiennych i mocne zgniatanie. Nawet jeśli dotrą do jelita, zmuszone są stawić czoła wielkiej armii zamieszkujących je mikroorganizmów, które niechętnie witają nowo przybyłych.

Probiotyki zyskały wielką sławę, w internecie i sklepach ze zdrową żywnością reklamuje się wiele różnych suplementów. Tylko kilka spośród nich ma skuteczność potwierdzoną badaniami naukowymi – opowiem o nich za chwilę. O ile nie cierpisz na żadną konkretną dolegliwość jelitową, którą starasz się wyleczyć (na przykład wywołaną antybiotykami biegunkę), myślę, że najlepiej będzie, jeśli postarasz się zwiększyć poziom dobrych bakterii za pomocą jedzenia. Jednym z najlepszych pokarmów probiotycznych jest domowy jogurt.

Jogurt

Wiele razy robiłem jogurt – jest o wiele smaczniejszy od tego kupowanego w sklepie i bogatszy w bakterie, na przykład *Lactobacillus* (nasz przepis znajdziesz na stronie 184).

Kiedy kupuję jogurt, zwykle wybieram ten z żywymi bakteriami i pełnotłusty. Dodaję owoców, by był słodszy, albo posypuję go cynamonem, nasionami lnu i orzechami. Słodzone niskotłuszczowe jogurty raczej nie są dobre dla zdrowia. Mamy przekonujące dowody na to, że jogurt pełnotłusty jest zdrowszy niż ten niskotłuszczowy (nawet jeśli nie ma w nim cukru).

Doktor Mario Kratz, specjalista w zakresie żywienia z Fred Hutchinson Cancer Research Center w Seattle, przeanalizował ogromną liczbę badań, w których porównano korzyści płynące ze spożywania niskotłuszczowego i wysokotłuszczowego (czyli normalnego, niepodrabianego) nabiału. Jego wniosek brzmi: „Żadne z badań nie wskazuje na to, by nabiał niskotłuszczowy był lepszy". Istnieje wiele badań dowodzących, że jedzenie pełnotłustego nabiału, zwłaszcza jogurtu, jest związane z mniejszym ryzykiem otyłości i chorób takich jak cukrzyca typu 2.

Jogurt zyskał status zdrowej żywności dzięki Ilji Miecznikowowi, profesorowi z Instytutu Pasteura w Paryżu, który zastanawiał się, dlaczego Bułgarzy z Rodop żyją o wiele dłużej niż większość pozostałych Europejczyków. Doszedł do wniosku, że to dzięki bakteriom w jogurcie. Doktor Kellog, współzałożyciel słynnej firmy produkującej płatki śniadaniowe, był pod takim wrażeniem tych badań, że zaczął zalecać jogurt pacjentom. Radził im jednak, by przyjmowali go w formie lewatywy, ponieważ uważał, że dzięki temu bakterie najłatwiej dotrą do jelita grubego, gdzie przyniosą najwięcej korzyści.

Nie jestem przekonany co do lewatyw z jogurtu, zwłaszcza że są dowody na to, że gdy spożywa się go normalnie, przez usta, i gdy zawiera on żywe lub aktywne kultury bakterii, może pomóc w leczeniu dolegliwości takich jak biegunka wynikająca z antybiotykoterapii oraz IBS, a także łagodzić zaparcia. Jeśli chcesz sprawdzić, które marki jogurtów zostały zbadane, zajrzyj na naszą stronę internetową.

Kolejna zaleta jogurtu jest taka, że proces fermentacji rozkłada laktozę, więc w jogurcie jest jej znacznie mniej niż w mleku. Nawet jeśli nie tolerujesz laktozy, jedzenie jogurtu nie powinno być dla ciebie problemem. Może nawet złagodzić objawy nietolerancji.

Ser

Uwielbiam ser, ale na wiele lat z niego zrezygnowałem, ponieważ zawiera mnóstwo tłuszczów nasyconych, w związku z czym uznałem, że pewnie przedwcześnie wpędzi mnie do grobu. (Próbowałem jeść sery niskotłuszczowe, ale smakowały ohydnie). Potem przyjrzałem się badaniom naukowym i odkryłem, że nie ma dowodów na to, by jedzenie niskotłuszczowego sera przynosiło korzyści zdrowotne w porównaniu z jedzeniem tego pełnotłustego. Wróciłem więc do jedzenia porządnego sera i od tamtej pory cieszę się każdym jego kęsem.

Jak wie każdy, kto był we Francji, Francuzi jedzą mnóstwo sera – rocznie około 20 kilogramów na osobę. To więcej niż w jakimkolwiek innym kraju. Jednak choroby serca i otyłość występują u nich dość rzadko – mówi się więc o francuskim paradoksie. Może to mieć związek z faktem, że piją mnóstwo wina, a może w ich stylu życia jest coś szczególnego, ale bakterie jelitowe też mogą odgrywać tu rolę.

Niedawno przeprowadzono eksperyment na 15 zdrowych młodych mężczyznach, których naukowcy poprosili o jedzenie dużych ilości sera i picie pełnotłustego mleka przez dwa tygodnie. Grupa kontrolna miała stosować normalną dietę. W czasie gdy badani pili mleko lub jedli ser, w ich kale było więcej kwasu masłowego i kwasu propionowego. Obie substancje to związki wytwarzane przez mikrobiom, które – jak wykazały badania – bardzo korzystnie wpływają na jelita[31].

Nie każdy rodzaj sera zawiera żywe bakterie, a w przetworzonym serze nie ma ich prawie wcale. Warto szukać na etykiecie informacji o żywych i aktywnych kulturach. Spore ilości dobrych bakterii można znaleźć w serach gouda, mozzarella, cheddar i serku wiejskim, a także w serze z niebieską pleśnią, na przykład roquefort, chociaż warto przeczytać etykietę, by się upewnić.

Jednym z serów, za którymi przepadam, jest feta. Często robi się ją z mleka owczego lub koziego i ma wspaniały kremowy, intensywny smak. Zawiera dużo bakterii o nazwie *Lactobacillus plantarum*, które wytwarzają związki przeciwzapalne. Ponieważ wytwarza się ją z pełnego mleka, ma w sobie też dość dużo laktozy. Jeśli nie tolerujesz tego związku, lepiej zrezygnuj z fety.

Uwielbiam fetę w sałatce greckiej (zob. strona 198). Wspaniale smakuje też opieczona na grillu albo w omlecie ze szpinakiem i pomidorami.

Żywność fermentowana

Kapusta kiszona, kefir i kimchi

Wino, ser, jogurt i czekolada to pokarmy fermentowane. Oznacza to po prostu, że proces ich powstawania opiera się na przekształcaniu przez mikroorganizmy cukrów, na przykład glukozy, w inne związki. Wyjątkowy smak i konsystencja każdego z fermentowanych pokarmów wynikają z faktu, że w ich powstawaniu uczestniczą różne gatunki bakterii i drożdży. Zauważyłem, że chleb na zakwasie wypiekany w San Francisco ma zupełnie inny smak od tego londyńskiego. Na pewno ma to związek z tym, że mikroorganizmy w Londynie są zupełnie inne od tych w San Francisco.

Fermentacja zyskuje coraz większą popularność, bo nie tylko wzbogaca smak i konsystencję, ale też dostarcza mnóstwa dobrych bakterii. Producenci oczywiście korzystają z tej mody i sprzedają najróżniejsze fermentowane pokarmy. Problem polega na tym, że wiele z nich poddano pasteryzacji, więc nie ma w nich niczego żywego. Niedawno brałem udział w badaniu, w ramach którego wysłaliśmy różne kupione w sklepie fermentowane pokarmy, na przykład kiszoną kapustę i kimchi, badaczom z uniwersytetu. Z 60% próbek, które przesłaliśmy, niczego nie wyhodowano. Trzeba kupować świeże produkty, a najlepiej, gdy na etykiecie znajduje się potwierdzenie, że naprawdę zawierają żywe bakterie. Możesz też samodzielnie fermentować żywność.

Sam nie za bardzo się na tym znałem, więc spotkałem się z grupą ludzi, którzy wiedzą coś na ten temat. Mają siedzibę pod Londynem i tworzą grupę o nazwie The Fermentarium. Ich misją jest szerzenie wiedzy na temat samodzielnego fermentowania żywności.

Kiedy poznałem pochodzącą z Polski Gabę, była zajęta robieniem kiszonej kapusty. Jej przygotowanie polega na zalaniu drobno poszatkowanej kapusty słoną wodą i odstawieniu do fermentacji. Jest popularna w Europie, gdzie je się ją z kiełbasą lub jako dodatek do dań.

Gaba nauczyła się ją przyrządzać od swojej mamy. Powiedziała mi: „Moja mama w wieku 82 lat wciąż kisi kapustę. Kiedy byliśmy dziećmi i mieszkaliśmy w Polsce, przygotowywała wielki gar kiszonej kapusty w listopadzie i wystawiała go na balkon, gdzie panowała temperatura grubo poniżej zera. Przed nakryciem do stołu brała miskę, kruszyła lód, nakładała trochę kapusty, zanosiła ją do środka i podgrzewała. Ten gar wystarczał nam do wiosny".

Gaba mówiła też, że ludzie, zwłaszcza ci stawiający pierwsze kroki na tym polu, fermentują zwykle tylko mleko i warzywa, ale fermentacji można poddać prawie wszystko, w tym tłuszcz wieprzowy i surowe ryby.

W tym momencie przypomniałem sobie najbardziej obrzydliwą rzecz, jaką jadłem w życiu – fermentowanego rekina. Jest jednym z tradycyjnych dań na Islandii, więc gdy tam poleciałem, postanowiłem go spróbować. To był wielki błąd. Udało mi się przełknąć kęs, a potem miałem odruch wymiotny. Taki posiłek nadaje się tylko dla najbardziej zagorzałych pasjonatów fermentowania, mimo że teraz fermentuje się rekina w bardziej higieniczny sposób niż kiedyś. Opowiadano mi, że dawniej wsadzało się mięso świeżo złowionego rekina do kubła, sikało na nie, dodawało słonej wody i zostawiało gdzieś w piwnicy, aż nadszedł czas na imprezę. Mogło to trwać całe miesiące.

Gaba zapewniła mnie, że nigdy nie posuwa się aż tak daleko, gdy fermentuje rybę. „Nie robimy tego tak jak Islandczycy czy Norwegowie, nie doprowadzamy do zepsucia się ryby. Fermentujemy ją tylko kilka dni".

Gaba uwielbia zapachy i smaki fermentowanej żywności. Zastanawiała się: „Dlaczego w Wielkiej Brytanii nie ma prawdziwej tradycji fermentowania jedzenia? Robicie cydr, ocet jabłkowy, pieczywo i ser, ale mam wrażenie, że jako naród niechętnie jecie, a tym bardziej przygotowujecie bardziej egzotyczne i kwaśne pokarmy, które spotyka się powszechnie w Europie Wschodniej i dalej na wschód".

Uważa, że w Europie Wschodniej chętniej je się fermentowaną żywność między innymi dlatego, że trzeba tam przetrwać o wiele dłuższe i mroźniejsze zimy. Dawniej kupno warzyw było przez większość roku niemożliwe. Dlatego przed nastaniem ery lodówek chłopi odkryli tyle różnych sposobów marynowania i konserwowania żywności.

Domowa kiszona kapusta, którą przywiozła Gaba, by mnie poczęstować, była pyszna i wcale nie przypominała lepiej mi znanej, przesyconej octem kapusty z supermarketu. Świeża kiszona kapusta jest pełna żywych bakterii i zaskakująco łatwo ją przyrządzić. Przepis na kiszoną kapustę znajdziesz na stronie 230, a na kefir (jedno z najbogatszych źródeł probiotyków) na stronie 186.

Inny popularny fermentowany pokarm to kimchi, pikantny koreański dodatek warzywny do dań. Jego popularność stale rośnie, dodaje się je do niemal wszystkiego, od taco po pizzę – nawet do zapiekanek z serem. Jest uniwersalne i fantastycznie działa. Czy twoje kubki smakowe i mikrobiom są gotowe na kimchi? Skosztuj i się przekonaj.

Fermentowana żywność jest korzystna dla jelit między innymi dlatego, że występuje w niej bardzo mnóstwo różnych mikroorganizmów, i to w dużym stężeniu. Mikroorganizmy w fermentowanej żywności mają o wiele większe szanse od innych bakterii na bezpieczne dotarcie do jelita grubego, ponieważ są bardzo odporne na kwas – zostały wyhodowane w kwaśnym środowisku. Być może martwisz się, jak na twoje jelita wpłyną kwaśne pokarmy jak kiszona kapusta czy kimchi, ale wszystkie dowody wskazują na to, że nie masz powodów do obaw. Mimo to, jeśli nie jesteś przyzwyczajony do kiszonek, wprowadzaj je do jadłospisu stopniowo.

Ocet jabłkowy

Być może kimchi jest ci obce, ale zapewne próbowałeś octu jabłkowego. To kolejny fermentowany pokarm, który zyskuje obecnie wielką popularność. W naszej książce znajdziesz kilka przepisów, w których go wykorzystujemy.

Aktorka Scarlett Johansson podobno przemywa twarz rozcieńczonym octem jabłkowym. Odkrywca i polarnik sir Ranulph Fiennes również go zachwala, twierdząc, że pokonał artretyzm, pijąc napój z octem (ocet jabłkowy i miód w proporcjach 4:1).

Ocet zyskał też poparcie autorytetu – Hipokratesa z Kos, często nazywanego ojcem zachodniej medycyny. Hipokrates wierzył w moc samouzdrawiania organizmu. Aby pomóc ciału w leczeniu, często zalecał ocet i post. Mówił, że post to wewnętrzny lekarz, i twierdził, że jedzenie w trakcie choroby to jej karmienie. Jeśli chodzi o ocet, zalecał jego stosowanie na najróżniejsze dolegliwości, od przemywania ran po leczenie uporczywego kaszlu. Ale czy naprawdę ma on jakieś szczególne prozdrowotne właściwości?

By się o tym przekonać, niedawno nawiązałem współpracę z doktorem Jamesem Brownem z Aston University. Na początku postanowiliśmy sprawdzić twierdzenie, że picie kilku łyżek octu przed posiłkiem pomaga kontrolować poziom cukru we krwi i zapobiega jego silnym wahaniom.

Zaczęliśmy od zgromadzenia zdrowych ochotników i poprosiliśmy ich o zjedzenie rogala. James zmierzył im poziom glukozy przed spożyciem i po nim.

Tak jak się spodziewaliśmy, zjedzenie rogala poskutkowało dużym i gwałtownym wzrostem poziomu cukru we krwi. Następnego dnia poprosiliśmy ich o zjedzenie kolejnego rogala, tym razem jednak musieli chwilę wcześniej wypić mały kieliszek rozcieńczonego octu jabłkowego. Ilość cukru we krwi ochotników spadła prawie o 50%.

James był zachwycony odkryciem. „Przeprowadzone wcześniej badania wskazywały, że dochodzi do tego u ludzi, u których występuje ryzyko cukrzycy – powiedział mi – ale nie byłem pewien, czy wykazano takie działanie u zdrowych ochotników, więc jestem mile zaskoczony".

Dzieje się tak prawdopodobnie dlatego, że kwas octowy zawarty w occie hamuje aktywność disacharydazy, enzymu, który rozkłada skrobię i cukry złożone, umożliwiając im szybsze wchłanianie przez organizm. Jeśli enzym jest zablokowany, wchłania się mniej cukru.

A czy osoby pijące ocet jabłkowy mają też lepsze wyniki w odchudzaniu, obniżaniu cholesterolu czy łagodzeniu stanów zapalnych?

James podzielił ochotników na trzy grupy. Przez osiem tygodni pierwsza grupa miała spożywać dwie łyżki octu jabłkowego przed obiadem i kolacją – albo rozcieńczonego wodą, albo w sałatce. Drugą grupę poproszono o to samo z octem słodowym, a ostatnia grupa dostała wodę pachnącą jak ocet (placebo).

Po ośmiu tygodniach żadna z grup nie schudła, chociaż osoby pijące ocet jabłkowy miały bardzo pozytywne odczucia. Kobieta z łagodnym artretyzmem powiedziała mi: „Odczuwałam mniej bólu w stawach, zwłaszcza po ćwiczeniach".

W ramach badań James zmierzył u uczestników poziom białka C-reaktywnego (CRP), wskaźnika stanów zapalnych w organizmie. Nie zauważył szczególnej zmiany w żadnej z grup, chociaż u niektórych osób pijących ocet jabłkowy obniżył się poziom CRP. Zauważył za to coś, co go zaskoczyło: dużą zmianę w poziomie cholesterolu, która jednak nastąpiła tylko u osób pijących ocet jabłkowy.

W tej grupie całkowity cholesterol spadł średnio o 10%, szczególnie zaś zmniejszył się poziom trójglicerydów (tłuszczu we krwi). Było to zadziwiające odkrycie, ponieważ ochotnicy już na początku byli zdrowi i mieli normalny poziom cholesterolu.

Fakt, że zjawisko to wystąpiło tylko po piciu octu jabłkowego, a nie w grupie pijącej ocet słodowy, wskazuje na to, że jabłka odgrywają tu szczególną rolę.

„Ocet jabłkowy zawiera różne czynne biologicznie cząsteczki, które występują też w jabłkach - powiedział James. - Wykazano, że co najmniej dwie z tych cząsteczek mają bardzo korzystne działanie. Jest więc prawdopodobne, że składnik jabłek występujący w skoncentrowanej formie w occie jabłkowym dał taki właśnie rezultat".

W ramach tego eksperymentu nie badaliśmy kału uczestników, jednak inne badania wskazują, że ocet jabłkowy może dobrze wpływać na żołądek, a także na poziom glukozy i cholesterolu. Mimo wszystko nie jest to panaceum, a poza tym ma bardzo kwaśny odczyn, więc nie zalecam spryskiwania nim twarzy ani wypijania bez rozcieńczania. Pij rozcieńczony ocet albo z umiarem dodawaj go do posiłków. Lubię jeść go w sałatce, jako winegret.

WINEGRET JABŁKOWY CLEVER GUTS

1 łyżka musztardy francuskiej

1 zmiażdżony ząbek czosnku

2 łyżki octu jabłkowego

1 łyżeczka octu balsamicznego

6 łyżek oliwy

Inne zastosowania octu jabłkowego, o których słyszałem, a których nie wypróbowałem, to między innymi:

- Usuwanie kurzajek – zanurz wacik w occie i przyklej go do kurzajki. Zostaw na noc i powtarzaj codziennie przez tydzień.
- Zwalczanie nieświeżego oddechu – dodaj ½ łyżki do szklanki wody i płucz usta.
- Leczenie bólu gardła – dodaj 2 łyżki do 2 łyżek ciepłej wody i płucz gardło.
- Lśniące włosy – dodaj 4 łyżki do szklanki wody i polej włosy po umyciu ich szamponem. Pozostaw na chwilę, a potem spłucz.

SUPLEMENTY Z PROBIOTYKAMI

Probiotyki znajdują się nie tylko w świeżych pokarmach – można je też kupić w formie kapsułek, tabletek lub przetworzonej żywności zawierającej żywe bakterie. Rynek probiotyków jest ogromny, a ich promowanie często jest przesadzone – podobnie jak w przypadku kapsułek z tranem. Większość ekspertów, z którymi rozmawiałem, podchodzi do tematu sceptycznie, zwłaszcza jeśli chodzi o tak zwane jogurty probiotyczne jak Yakult czy Actimel. To jogurty z dodatkiem bakterii. Sprytni producenci zasponsorowali badania naukowe dotyczące potencjalnych korzyści zdrowotnych płynących ze spożywania ich produktów, a potem na ich podstawie wypromowali je na całym świecie.

Kiedy jednak naukowcy z Europejskiego Urzędu do spraw Bezpieczeństwa Żywności przyjrzeli się wynikom tych badań, nie byli przekonani. Na brytyjskich stronach jogurtów Yakult czy Actimel znajdziesz wzmianki o tym, że te produkty zawierają dużo bakterii *Lactobacillus*, lecz brakuje konkretnych informacji na ten temat.

Sam unikam tego rodzaju produktów – między innymi dlatego, że zwykle zawierają dodatkowy cukier albo słodziki. Jednak gdybym chciał wyleczyć jakąś konkretną dolegliwość, na przykład biegunkę wywołaną antybiotykami, być może zażyłbym odpowiedni probiotyk.

Graeme Close, profesor fizjologii na Uniwersytecie Johna Mooresa w Liverpoolu, uważa, że warto rozważyć stosowanie probiotyków, by złagodzić konkretne problemy. Close nie tylko prowadzi badania akademickie – doradza też w kwestiach żywienia angielskiej drużynie rugby, klubowi piłkarskiemu Everton oraz uczestnikom rozgrywek golfowych European Tour. Twierdzi, że kiedy jego drużyny mieszkają razem podczas zawodów i intensywnie trenują, zażywanie dobrego probiotyku może zmniejszyć ryzyko złapania infekcji.

Mówi: „Zauważyliśmy, że u zawodowych sportowców po intensywnej sesji treningowej dochodzi do tymczasowego uszkodzenia jelit, co daje patogenom, złym bakteriom, sposobność, by się zadomowić. Jeśli codziennie ciężko trenujesz, podatność na choroby będzie się okresowo zwiększać".

To wyjaśnia, dlaczego zawodowi sportowcy często chorują przed ważnymi rozgrywkami. Kiedy mistrzyni świata w biegu maratońskim Paula Radcliffe ruszyła po olimpijskie złoto w Atenach, podczas wyścigu jej plany pokrzyżował ostry atak biegunki.

Aby ograniczyć ryzyko tego rodzaju zdarzeń, Graeme zaleca zażywanie wieloszczepowego probiotyku w okresie ciężkich treningów (więcej szczegółów znajdziesz na naszej stronie internetowej), a także suplementów z witaminą D, zwłaszcza w miesiącach zimowych, ponieważ niski poziom tej witaminy szkodzi mikrobiomowi.

„Nie polecam zażywania dużej ilości suplementów. Wierzę, że w pierwszej kolejności trzeba zadbać o żywienie – powiedział mi Graeme. – W sporcie podejście do tej kwestii bardzo się zmieniło. Dziesięć lat temu zawodowi sportowcy nierzadko łykali dziesiątki suplementów".

Dowody naukowe dotyczące różnych suplementów z probiotykami znajdziesz w serwisie Medline Plus stworzonym przez American National Library of Medicine i gromadzącym godne zaufania informacje narodowych instytutów zdrowia i innych organizacji zajmujących się zdrowiem: https://medlineplus.gov/druginfo/natural/790.html (zob. też strona 242).

Jakich pokarmów unikać

Są pokarmy, które należy jeść, ale też takie, które lepiej ograniczyć, a najlepiej zupełnie wyeliminować, jeśli chce się mieć zdrowy, różnorodny mikrobiom. Na szczycie mojej listy są cukier i pokarmy przetworzone.

Cukier

Dieta bogata w cukier, na którą pozwala sobie wielu z nas, ma tragiczny wpływ na nasze zdrowie. W Wielkiej Brytanii przeciętny sześciolatek co roku zjada tyle samo cukru, ile waży, a próby przeciwdziałania temu w dużym stopniu okazały się nieudane. Jeśli wciąż uważasz, że cukier to tylko nieszkodliwa przyjemność, pozwól, że zepsuję ci humor, podając listę wad tej śmiertelnej substancji:

1. Cukier nie zawiera żadnych niezbędnych składników. Żadnych. To same kalorie. Inne pokarmy mogą mieć śladową ilość witamin, minerałów, błonnika… czegokolwiek. Cukier ich nie zawiera.

2. Cukier psuje zęby. Prawie każdy ząb w moich ustach był borowany, bo w dzieciństwie jadłem i piłem za dużo słodkości. W Wielkiej Brytanii głównym powodem hospitalizacji dzieci poniżej dziesiątego roku życia jest wyrywanie im zepsutych zębów.

3. Jedzenie lub picie cukru sprawia, że poziom glukozy we krwi gwałtownie rośnie, po czym spada, a to wywołuje głód. Ludzie, którzy jedzą dużo słodyczy, są zwykle grubsi od innych. Dotyczy to zwłaszcza dzieci. Jedno z badań wykazało, że picie jednego słodzonego napoju dziennie zwiększa ryzyko otyłości mniej więcej o 60%[32].

4. Ponieważ cukier niekorzystnie wpływa na twoją wagę i poziom insuliny, jedzenie go w dużych ilościach zwiększa ryzyko zachorowania na cukrzycę typu 2, która może prowadzić do demencji i amputacji kończyn. Cukrzyca skraca też twoje życie o 10 lat – nawet jeśli zażywasz leki.

5. Cukier uzależnia. Co dziwne, nie samodzielnie. Nie zajadamy się cukrem prosto z cukierniczki. Ale kiedy cukier jest wymieszany z tłuszczem w takich proporcjach, że na jedną kalorię cukru przypada jedna kaloria tłuszczu, wówczas nie sposób mu się oprzeć. Niektórzy ludzie potrafią ukroić sobie jeden kawałek ciasta i zostawić resztę, ale należą do wyjątków.

Producenci jedzenia i napojów, którzy przez lata finansowali badania mające dowieść, że cukier ani trochę nie szkodzi (taktyka ta przypomina trochę działania przemysłu tytoniowego), dobrze wiedzą, że tendencje na rynku się zmieniają. Dlatego zaczęli sprzedawać niskokaloryczne lub bezkaloryczne alternatywy. Ale czy są one zdrowsze? Jeszcze nie ma co do tego pewności, ale pojawia się coraz więcej dowodów na to, że tak nie jest.

Celem stosowania pozbawionych kalorii słodzików jest nadanie potrawom słodkiego smaku bez dodawania kalorii. Ale organizmu nie da się tak łatwo oszukać. Badanie na muszkach owocówkach wykonane przez naukowców z uniwersytetu w Sydney wykazało, że sztuczne słodziki prowadzą do zmian w częściach mózgu odpowiedzialnych za regulację apetytu[33].

Odkryli, że muszki owocówki spożywają o 30% więcej kalorii po spożyciu sztucznych słodzików niż po spożyciu pokarmów słodzonych zwykłym cukrem. Co się w takim razie dzieje?

Badacz Greg Neely wyjaśnia: „Kiedy zachwiana jest równowaga między słodkim smakiem a ilością dostarczanej energii, mózg próbuje to nadrobić, zwiększając spożycie kalorii".

Innymi słowy, jeśli mózg myśli, że zaraz nastąpi skok poziomu glukozy (bo kubki smakowe podpowiadają mu, że zbliża się cukier), ale nic do niego nie dociera, w końcu uznaje, że dla równowagi musisz zjeść coś innego.

Muszki owocówki to oczywiście nie ludzie, ale te odkrycia pokrywają się z tym, czego już dowiedziono – spożywanie sztucznych słodzików, głównie w formie napojów gazowanych, nie jest wcale lepsze, a nawet może być gorsze niż spożywanie cukru.

Tak wynika z dużej metaanalizy licznych nowych badań[34].

Sztuczne słodziki

Sztuczne słodziki nie tylko wpływają na mózg – mogą też zmienić skład bakterii jelitowych.

Parę lat temu dwóch Eranów z Instytutu Weizmanna, których poznaliśmy wcześniej – doktor Eran Elinav i doktor Eran Segal – prowadziło eksperymenty dotyczące wpływu spożycia sztucznych słodzików na mikrobiom[35].

Myszom podawano do picia wodę, wodę z cukrem albo wodę posłodzoną sacharyną. W przeciwieństwie do tych, które piły wodę lub wodę z cukrem, myszy, które spożywały sacharynę, szybko nabawiły się nietolerancji glukozy – to krok w stronę cukrzycy.

Następnie przeszczepiono mikrobiom myszy, które spożywały sacharynę, „pozbawionym zarazków", sterylnym myszom. Po sześciu dniach u tych myszy także wystąpiła nietolerancja glukozy, co wskazuje, że słodzik miał wpływ na mikrobiom. Gdy naukowcy bliżej przyjrzeli się mysiej kupie, potwierdzili, że ich jelita zawierały teraz więcej bakterii kojarzonych z otyłością i cukrzycą, a mniej naszego „starego przyjaciela" *Akkermansia*.

Na końcu badacze zebrali grupę ludzkich ochotników, którzy zwykle nie spożywają sztucznie słodzonych pokarmów ani napojów. Przez tydzień mieli spożywać wysoką, ale bezpieczną dawkę słodzika.

W ciągu siedmiu dni u wielu uczestników eksperymentu – choć nie u wszystkich – wystąpiły objawy nietolerancji glukozy. Dlaczego? Wygląda na to, że niektóre bakterie jelitowe reagują na słodziki, wydzielając substancje chemiczne wywołujące reakcję zapalną, a to z kolei sprzyja otyłości i cukrzycy. Jeśli występują u ciebie takie bakterie, koniecznie wyklucz z diety słodziki. Jak się dowiedzieć, czy je masz? Obecnie jest to niemożliwe. Sam trzymam się z dala od sztucznych słodzików i tobie radzę to samo.

Doktor Elinav, który oczywiście nie jest miłośnikiem sztucznych słodzików, uważa, że należy „na nowo ocenić masowe, pozbawione nadzoru spożycie tych substancji".

Jaka jest alternatywa?

Niestety naturalne alternatywy cukru, na przykład miód i syrop z agawy, będą miały podobny wpływ na poziom glukozy jak cukier. Nie jestem im całkowicie przeciwny, ale uważam je za wilka w owczej skórze.

Problem w tym, że nadal lubię słodkości. Byłem więc zaintrygowany, gdy ktoś zasugerował, bym wypróbował afrykański owoc o nazwie synsepal słodki, lepiej znany jako cudowny owoc. Cudowne owoce zawierają mirakulinę, cząsteczkę, która wpływa na receptory smaku i zmienia ich kształt. Ten owoc różni się od słodzików, ponieważ nie sprawia, że pokarmy są słodsze, ale że smakują słodziej.

Trudno jest znaleźć świeże synsepale, ale można kupić je w formie tabletek w internecie.

Jakie wrażenia? Położyłem sobie tabletkę na języku, czekałem, aż się rozpuści, a potem mogłem zaczynać eksperyment. Czytałem entuzjastyczne komentarze na temat jego działania – podobno miał sprawić, że pomarańcze zaczną smakować „jak owoce wprost z drzew Edenu".

Po spożyciu tabletki polizana cytryna była zdecydowanie mniej gorzka, ale pozostał nieprzyjemny posmak. Poza tym drogie czerwone wino zmieniło się w coś obrzydliwie słodkiego i musującego. Jedyną korzyścią było to, że efekt zanikł po godzinie.

Skocz na głęboką wodę

Jeśli masz słabość do słodyczy i chciałbyś z nich zrezygnować, myślę, że najlepiej zrobić to z dnia na dzień. Ale zamiast polegać na sile woli, koniecznie znajdź coś, co wypełni powstałą pustkę.

Australijska aktorka Rebel Wilson zrzuciła 15 kilo, kiedy odstawiła słodkie przekąski i zwiększyła ilość jedzonego błonnika. Zaczęła też cztery razy w tygodniu przez 5–10 minut wykonywać trening wysokiej intensywności (HIT).

Jak podają wiarygodne źródła (czyli strona z plotkami o celebrytach), Rebel stara się spożywać 35 gramów błonnika dziennie. Osiąga to, jedząc płatki owsiane, owoce, warzywa i pełne ziarna. Kiedy ma ochotę na coś słodkiego, wypija mały kieliszek organicznego octu jabłkowego.

Zamiast jeść precle, rogale i pieczywo, sięga po zdrowe tłuszcze, takie jak awokado czy potrawy z dodatkiem oliwy. Jej ulubione przekąski to:

pałeczki z marchewki i ogórka z guacamole,
masło migdałowe z selerem i marchewką,
garść migdałów, orzechów brazylijskich albo orzechów nerkowca.

Kiedy ogarnia mnie niepowstrzymana chęć na ciasto lub czekoladę, podobnie jak Rebel jako przekąskę wybieram orzechy i warzywa. Przydaje mi się też wyobrażanie sobie, że powoli głodzę spragnione cukru bakterie w jelitach. Człowiek kontra mikroorganizmy. Zwycięzca może być tylko jeden, prawda? Jeśli chcesz przeczytać więcej porad dotyczących odstawienia cukru i informacji o tym, dlaczego warto to zrobić, zajrzyj na stronę thebloodsugardiet.com.

Przetworzona żywność

Parę lat temu Tim Spector, profesor epidemiologii genetycznej z King's College w Londynie, przekonał swojego syna Toma, by przeszedł na dietę fastfoodową. Przez dziesięć dni Tom jadł tylko to, co dało się kupić w okolicznym McDonaldzie: mnóstwo big maców, nuggetsy z kurczaka i frytki, a wszystko to popijał colą. Przed eksperymentem, w jego trakcie i po nim pobierano próbki kału Toma i wysyłano je do analizy. Tom oczywiście nie czuł się zbyt dobrze na takiej diecie, a jego mikrobiom miał się jeszcze gorzej. Po kilku dniach stracił około 1400 gatunków bakterii, mniej więcej 40% wszystkich mikroorganizmów zamieszkujących jego jelita. Wiele tygodni po tym, jak wrócił do normalnej diety, jego mikrobiom nadal jest w kiepskim stanie[36].

Kilka lat temu przeprowadziłem na sobie podobny, choć mniej radykalny eksperyment. Aby się przekonać, jak szkodliwa może być dieta złożona z produktów przetworzonych, przeszedłem na nią na cztery tygodnie – nie żyłem wyłącznie na jedzeniu z McDonalda jak Tom, ale raz lub dwa razy dziennie jadłem przetworzone mięso.

W ramach tego nowego planu zaczynałem większość poranków od kilku kawałków bekonu. Potem jadłem sałatkę na lunch i małego burgera na kolację. Innym razem jadałem kiełbaskę na śniadanie i kanapkę z salami na lunch. Pod wieloma względami była to typowa brytyjska dieta.

Aby monitorować wpływ takiego żywienia, przed rozpoczęciem udałem się do Wydziału Żywności i Nauk o Żywieniu Uniwersytetu w Reading. Dokładnie zbadali moje zdrowie, zważyli mnie, zmierzyli mi poziom cholesterolu, tkankę tłuszczową i ciśnienie krwi oraz pobrali próbkę kału.

Wróciłem do nich cztery tygodnie później.

Kiedy wszedłem na wagę, pielęgniarka z uśmieszkiem powiedziała, że od ostatniej wizyty przytyłem aż trzy kilo – głównie w okolicy brzucha. To zła wiadomość, ponieważ tłuszcz wokół brzucha znacznie zwiększa ryzyko insulinooporności i cukrzycy.

Następnie zmierzono mi ciśnienie krwi. Znów czekały mnie złe wieści. Wzorowy wynik zmienił się w pierwszy etap nadciśnienia. Bakterie jelitowe też się zmieniły, i to na gorsze.

Moja ocena różnorodności (jeden z lepszych sposobów mierzenia ogólnego zdrowia jelit) zmniejszyła się z 7,27 do 7,1 (w skali od 1 do 10). Wydaje się, że to niedużo, ale oznaczało to, że poprzednio miałem pokrzepiająco różnorodny mikrobiom – byłem w pierwszych 30% spośród badanych – a teraz spadłem w rankingu do ostatnich 30%.

Nastąpiła też duża zmiana w moich bakteriach jelitowych na korzyść *Firmicutes*, bakterii kojarzonych z otyłością i stanami zapalnymi. Gdy znów zacząłem odżywiać się jak zwykle, moja waga, ciśnienie krwi i mikrobiom z czasem wróciły do normy.

Nie jest zaskoczeniem, że przetworzona żywność szkodzi, ale szokujące jest to, jak bardzo szkodzi mikrobiomowi. Jedną z przyczyn jest ilość cukru i tłuszczu w przetworzonych potrawach, ale problemem są też emulgatory.

Emulgatory to rodzaj detergentów dodawanych do większości przetworzonych pokarmów, by nadać im odpowiednią konsystencję i wydłużyć przydatność do spożycia. Podawanie popularnych emulgatorów myszom niekorzystnie zmienia mikrobiom tych gryzoni i sprzyja rozrostowi bakterii atakujących błonę śluzową jelit. To z kolei prowadzi do stanów zapalnych, które przyczyniają się do rozwoju chorób takich jak cukrzyca typu 2 i otyłość[37]. To kolejny dobry powód, by zrezygnować z burgerów i frytek.

Antybiotyki

Jako dziecko mieszkałem z rodziną w Indiach. Często miałem wówczas ostre biegunki, w związku z czym podawano mi liczne antybiotyki. Leki prawie na pewno ocaliły mi życie, ale mogły przyczynić się do tego, że później zachorowałem na cukrzycę typu 2 (którą następnie pokonałem – zajrzyj do rozdziału 6).

Wiele dzieci ma kontakt z antybiotykami, jeszcze zanim się urodzą. W Wielkiej Brytanii przepisuje się je nawet kobietom w ciąży, mimo że szybko przenikają one przez łożysko i docierają do płodu. Matki dzieci mających przyjść na świat metodą cesarskiego cięcia, rutynowo dostają antybiotyki, co nie wpływa pozytywnie na mikrobiom dzieci. I tak są obciążone większym ryzykiem astmy i cukrzycy typu 1 niż te urodzone pochwowo, o czym już wspominałem w rozdziale 4, a tak wczesny kontakt z antybiotykami może zwiększyć to ryzyko.

Pierwsze dwa–trzy lata są bardzo ważne – nie tylko dla rozwijającego się dziecka, ale też dla jego mikrobiomu. Wtedy mikrobiom się stabilizuje. Częste podawanie antybiotyków o szerokim spektrum, na przykład penicyliny, w ciągu tych pierwszych lat znacznie zwiększa ryzyko otyłości i zachorowania na cukrzycę typu 2.

Niektórzy eksperci zalecają, by małe dzieci, które muszą zażywać antybiotyki, równocześnie przyjmowały probiotyk, najlepiej fermentowaną żywność, na przykład jogurt czy kefir. Dotyczy to także dorosłych. Sophie Ramsbotham żałuje, że nikt jej tego nie doradził.

Historia Sophie

Sophie ma 29 lat i pracuje jako projektantka ogrodów. Jako dwudziestoparolatka mieszkała w Indiach i projektowała sale lekcyjne dla dzieci o specjalnych potrzebach. Podczas pobytu zachorowała na dur brzuszny.

Po długiej antybiotykoterapii pozbyła się choroby i wróciła do domu, do Stanów Zjednoczonych. Jednak przez kolejne dwa lata zmagała się z poważnymi problemami jelitowymi: bólem, wzdęciami i częstymi biegunkami. Często była przykuta do łóżka i musiała zrezygnować ze studiów w dziedzinie architektury. Odwiedziła wielu lekarzy.

„Byłam u co najmniej 20 i szczerze mówiąc, żaden nie wiedział, co robić – powiedziała. – Widać było, że nie wróżą mi poprawy. Proponowali kolejne badania, inwazyjne zabiegi endoskopowe, kolejne antybiotyki. Od niektórych słyszałam: »Ma pani IBS, musi pani z tym jakoś żyć«".

W końcu Sophie niechętnie odwiedziła neurologa, który mówił o sobie, że jest lekarzem medycyny funkcjonalnej. Zaproponował, że będzie ją leczył dietą.

„Zlecił kolejne liczne badania krwi i kału. Znalazł w moich jelitach mnóstwo paskudztw, które próbował zabić monolauryną (przeciwbakteryjną substancją pozyskiwaną z kokosa)".

Kazał jej też przejść na radykalną dietę. Jego podejście polegało na wykluczeniu wszystkich pokarmów, które mogą być problematyczne.

„Został mi tylko kurczak, bataty i brokuły. To było wszystko. Oprócz tego zażywałam mnóstwo suplementów, które miały zregenerować błonę śluzową jelit".

Jedyny plus polegał na tym, że po raz pierwszy od wielu lat jelita Sophie miały się lepiej. Niestety na tej bardzo restrykcyjnej diecie wciąż przez większość czasu była wyczerpana i pozbawiona energii.

Przeprowadziła się z mężem do Londynu, gdzie trafiła do Tanyi Borowski.

„Pod kierunkiem Tanyi zaczęłam rozszerzać dietę, jeść na przykład soczewicę i ziarna. Chyba już nigdy nie wrócę do nabiału. Ostatnimi czasy jadamy dużo kapusty kiszonej i pijemy kombuczę, którą sami przygotowujemy. Mój mąż chce zacząć robić kimchi. Gdybym znów musiała zażywać antybiotyki, przyjmowałabym też dużo probiotyków i jadła mnóstwo fermentowanej żywności. Rzadko się o tym mówi. A szkoda".

6

INNE SPOSOBY NA ZDROWSZY MIKROBIOM

Post przerywany

W 2012 roku dzięki rutynowemu badaniu krwi odkryłem, że mam cukrzycę typu 2. Zamiast zacząć zażywać leki, postanowiłem sprawdzić, czy da się jakoś odwrócić przebieg choroby. Rozmawiałem z licznymi naukowcami i zetknąłem się z praktyką, o której wcześniej nie słyszałem – postem przerywanym.

Post przerywany nie oznacza, że całkowicie rezygnuje się z jedzenia. Po prostu zmniejsza się liczbę kalorii – do bardzo niewielu – na dwa dni w tygodniu. Zaintrygowało mnie to, więc nakręciłem dokument pod tytułem *Eat, Fast and Live Longer* („Jedz, pość i żyj dłużej"), w którym byłem własnym królikiem doświadczalnym. W ramach dokumentu postanowiłem sprawdzić, co się stanie, jeśli przez osiem tygodni będę ograniczał się do około 600 kalorii dziennie przez dwa dni w tygodniu.

Było to dla mnie zaskakująco łatwe. Na diecie, którą zacząłem nazywać 5:2, zrzuciłem 10 kilo, cofnąłem przebieg cukrzycy i straciłem pięć centymetrów w obwodzie talii. W oparciu o swoje doświadczenie i liczne rozmowy z ekspertami napisałem książkę *Dieta 5:2 dr. Mosleya*, która zyskała status międzynarodowego bestsellera. Dzięki temu post przerywany stał się międzynarodowym fenomenem i zyskał licznych fanów. Należą do nich Jennifer Lopez i Benedict Cumberbatch. Minęło pięć lat, a mnie udało się utrzymać zarówno zdrową wagę, jak i stabilny poziom cukru we krwi.

Jak to działa?

Dieta 5:2 okazała się takim sukcesem głównie dlatego, że wysiłek nie jest ciągły, nie trzeba się ograniczać non stop. Łatwiej jest oprzeć się pokusie zjedzenia czegoś niezdrowego, kiedy mówimy sobie: „Zjem to jutro". Potem nadchodzi kolejny dzień i być może to zjadamy. Ale bardzo często rezygnujemy.

Post przerywany uczy nas też, jak jeść lepiej. Jeśli przez dwa dni w tygodniu będziesz zaspokajać głód warzywami i zdrowym białkiem, z czasem zauważysz, że częściej masz ochotę najadać się czymś zdrowym.

Metoda ta zyskuje coraz solidniejsze podstawy naukowe. Autorzy artykułu opublikowanego niedawno w czasopiśmie naukowym „Cell Metabolism" i zatytułowanego *Fasting: Molecular Mechanisms and Clinical Applications* („Post: mechanizmy molekularne i zastosowania kliniczne") przeanalizowali liczne badania na ludziach i zwierzętach. Wniosek był taki, że post przerywany redukuje wiele czynników przyspieszających starzenie („uszkodzenia oksydacyjne i stany zapalne"), podnosi odporność i pozytywnie wpływa na zdolności regeneracyjne organizmu, a także „pomaga walczyć z otyłością, nadciśnieniem, astmą i zapaleniem stawów".

Post a jelita

Skoro post tak dobrze wpływa na organizm, to jaki ma wpływ na twój mikrobiom? Jest pewien gatunek bakterii, które już poznaliśmy:

Akkermansia. Czują się one bardzo dobrze, kiedy ograniczamy kalorie albo nic nie jemy.

Ponieważ bakterie *Akkermansia* żywią się śluzem, a nie resztkami tego, co zjedliśmy, w przeciwieństwie do większości mikroorganizmów najlepiej się rozwijają, gdy ograniczasz kalorie. W bezwzględnym świecie jelit *Akkermansia* ma przewagę w sytuacjach, gdy jej rywalom brakuje pożywienia.

Wykazały to badania na zwierzętach, a także kilka niewielkich eksperymentów na ludziach. W jednym z nich[38] 13 otyłych osób przeszło na tydzień na dietę niskokaloryczną – jadły od 600 do 800 kalorii dziennie.

Próbki kału pobrano na początku, a potem po upływie tygodnia. Okazało się, że znacznie zwiększyła się różnorodność mikroorganizmów (co, jak się przekonaliśmy, nam służy) oraz wzrosła liczba bakterii *Akkermansia* i *Bifidobacterium*, naszych jelitowych sprzymierzeńców.

W innym niewielkim badaniu[39] naukowcy z American Gut poprosili ochotników, by przeszli na dietę złożoną z sera i jogurtów, dietę oczyszczającą (pili smoothie z owoców i warzyw albo wodę z cytryną, syropem klonowym i pieprzem cayenne) lub pościli (pili prawie wyłącznie samą wodę). Przez trzy dni trwania badania codziennie pobierali próbki kału, a po zakończeniu robili to jeszcze przez tydzień.

Post był najskuteczniejszą metodą zmiany mikrobiomu. Doprowadził do znacznego zwiększenia liczby bakterii *Akkermansia*, które występowały licznie mniej więcej przez 10 dni po zakończeniu postu. Następnie ich poziom stopniowo spadł do początkowego.

Zatem krótki uderzeniowy post może zapoczątkować zmiany twojego mikrobiomu, ale jeśli chcesz je podtrzymać, warto mniej więcej raz w tygodniu ograniczać kalorie (nazywam to metodą 6:1 i sam ją stosuję).

Doktor Tim Spector, którego już poznaliśmy, jest nie tylko profesorem epidemiologii, ale także twórcą projektu British Gut i wybitnym badaczem mikrobiomu. Podobnie jak ja uwielbia dietę śródziemnomorską. „To jedyna dieta, której korzyści dla zdrowia są poparte dowodami – mówi. – Orzechy, nasiona, ciemna czekolada, czerwone wino, oliwa i warzywa takie jak pory, czosnek i cebula mają mnóstwo substancji uwielbianych przez mikroorganizmy. Powinniśmy też jeść więcej żywności fermentowanej, na przykład jogurtów, kimchi, kapusty kiszonej i kefiru".

Ponadto Tim uważa, że restrykcyjne diety, w ramach których rezygnuje się z całych grup pokarmów – na przykład dieta Atkinsa – prawdopodobnie są szkodliwe dla mikrobiomu. Mówi, że jedyna „dieta", którą popiera, to post przerywany, najlepiej taki, w ramach którego spożywa się dużo błonnika. Powiedział mi: „Podoba mi się twój plan 5:2, ponieważ uwzględnia spożywanie różnorodnych pokarmów".

Ludzie często źle interpretują metodę 5:2, twierdząc, że w ramach tej diety można jeść, co tylko się chce, w dni, gdy się nie pości. To nieprawda. Najlepszym sposobem na stosowanie planu 5:2 jest przejście na dietę śródziemnomorską i ograniczenie kalorii na dwa dni w tygodniu. Nie stosuję sztywnych reguł co do liczby kalorii w dni postu. Niektórym bez problemu wystarcza 600 kalorii. Dla innych jest to trudne. Jeśli na 600 kaloriach czujesz się wygłodzony, zwiększ spożycie do 800 kalorii.

Więcej informacji na temat dowodów naukowych i stosowania diety znajdziesz w książce *Dieta 5:2 dr. Mosleya* i na stronach internetowych thefastdiet.co.uk oraz thebloodsugardiet.com. Mamy tam aktywną społeczność szczęśliwych zwolenników postu, którzy wzajemnie się wspierają.

Ćwiczenia

Wiemy, że ćwiczenia sprzyjają zdrowiu serca i właściwej pracy mózgu. Co zaskakujące, są też dobre dla mikrobiomu.

Dowodzi tego badanie wykonane przez Microbiome Institute w Cork w Irlandii, podczas którego naukowcy postanowili przyjrzeć się kałowi irlandzkiej drużyny rugby.

Jeden z badaczy, doktor Paul Cotter, powiedział mi, że wykonali badanie na drużynie rugby dlatego, że jest to wyjątkowa grupa sportowców. „Uznaliśmy, że jeśli ta konkretna grupa młodych mężczyzn nie ma zmienionej mikrobioty jelitowej, to nikt nie może wpłynąć na zmianę swojej mikrobioty poprzez ćwiczenia". Co zatem odkryli?

„Zawodnicy rugby mieli dziwny mikrobiom, bardzo różnorodny – stwierdził Paul. – Porównywalne wyniki widzieliśmy tylko u ludzi żyjących w amazońskich lasach deszczowych albo u społeczności zbieracko-łowieckich takich jak plemię Hadza".

Badanie to dało pierwsze poważne dowody na to, że ćwiczenia zwiększają różnorodność mikrobiologiczną ludzi. Paul postanowił wykonać kolejne badanie, by sprawdzić, jak ćwiczenia wpłyną na ludzi, którzy na co dzień nie ćwiczą zbyt dużo.

„Zebraliśmy grupę typowych kanapowców i zaplanowaliśmy im ośmiotygodniowy program ćwiczeń. Gdy ćwiczyli, podawaliśmy im też białko serwatkowe, bo przekonaliśmy się, że to istotne. Pobraliśmy próbki przed eksperymentem, w jego trakcie i po nim, szukając głównie zmian w różnorodności bakterii".

Badanie nie jest jeszcze ukończone, ale Paul już zaciera ręce. „Nie sądziliśmy, że uda nam się wiele zobaczyć w tak krótkim czasie: myśleliśmy, że będzie to tylko krok w kierunku większego badania, ale zacząłem już zestawiać dane i zmiany są naprawdę ciekawe".

Paul uważa, że ćwiczenia prawie na pewno wspomagają zdrowie mikrobiomu, lecz równocześnie podkreśla: „Nie da się wybiegać złej diety".

Irlandzcy rugbiści nie tylko dużo ćwiczyli, ale też mieli bogatą, zróżnicowaną dietę. Po treningach szli do specjalnego bufetu, gdzie jedli dużo owoców, warzyw, białego mięsa, orzechów, owoców jagodowych, nasion i innych tego rodzaju pokarmów. Minęły już czasy, gdy zawodowi sportowcy dostawali po treningu piwo i ciasto.

Zatem jaki trening wybrać i jak długo ćwiczyć, żeby poprawić zdrowie mikrobiomu? Tak naprawdę tego nie wiemy, ale najprawdopodobniej pomoże dowolna aktywność: bieganie, chodzenie, pływanie, wchodzenie po schodach, a nawet częstsze stanie. Przede wszystkim unikaj zbyt długiego siedzenia.

Jako ktoś, kto zawodowo kręci dokumenty, z żalem muszę powiedzieć, że telewizja zabija. Profesor Spiegelhalter z Uniwersytetu Cambridge obliczył, że każde dwie godziny spędzone na siedzeniu i oglądaniu telewizji skracają przewidywaną długość życia mniej więcej o pół godziny. Inny problem polega na tym, że jeśli siedzisz i oglądasz telewizję, to prawdopodobnie jesz też chipsy lub inne puste kalorie.

Można tego uniknąć, oglądając telewizję na stojąco (na przykład podczas prasowania, co pozwala spalić około 80 kalorii na godzinę) albo jeżdżąc na rowerze stacjonarnym.

Żeby być jeszcze zdrowszym, musisz też czasami wykonywać intensywne ćwiczenia. Osobiście lubię te nazywane treningiem o wysokiej intensywności (HIT). Moja wersja to szybkie pedałowanie na rowerze przez parę sekund lub po prostu wbieganie po schodach – jednym słowem dowolna czynność, która pozwala mi przekraczać własne granice.

Wygląda na to, że jest to szczególnie skuteczny sposób na wzmocnienie serca i płuc – nawet jeśli udaje ci się to robić tylko przez kilka minut w tygodniu.

Jak zatem działa HIT? Daje lepsze rezultaty od ćwiczeń o niskiej intensywności między innymi dlatego, że stymuluje mitochondria – nasze główne elektrownie komórkowe. Ich zadaniem jest zmiana surowców takich jak tlen i glukoza w adenozynotrifosforan (ATP), główny nośnik energii w komórce.

W każdej komórce twojego ciała są mitochondria, a ponieważ produkują energię, to lepiej mieć ich więcej. Skuteczność programu ćwiczeniowego można zmierzyć, sprawdzając, czy skutkuje on większą gęstością mitochondriów.

W tej kategorii HIT zbiera dużo punktów. Trening o wysokiej intensywności zwiększa liczbę mitochondriów i wzmaga ich aktywność bardziej niż standardowe ćwiczenia. Jest to szczególnie imponujące w przypadku mięśnia sercowego. HIT sprawia, że serce jest większe, silniejsze i efektywniejsze. Jest to ważne nie tylko wtedy, gdy idziesz pobiegać, ale także gdy wracasz do zdrowia po zawale.

Ponadto mitochondria odgrywają ważną rolę w spalaniu tkanki tłuszczowej. Kiedy zaczynasz ćwiczyć, organizm rozkłada zgromadzony tłuszcz, uwalniając do krwi wolne kwasy tłuszczowe. Kwasy te są pobierane przez mięśnie i przekształcane w energię przez mitochondria. Im więcej masz mitochondriów, tym większe zużycie tłuszczu.

W porównaniu z ludźmi wykonującymi standardowe ćwiczenia ci stosujący trening o wysokiej intensywności chudną bardziej w obrębie brzucha, co nie tylko poprawia ich wygląd, ale też zmniejsza ryzyko cukrzycy i chorób serca.

Parę lat temu napisałem książkę pod tytułem *Fast Exercise* („Szybkie ćwiczenia"), w której opowiadałem o zaletach treningu HIT. Chociaż ludzie entuzjastycznie reagowali na dowody naukowe, obawiano się też zagrożeń związanych z naginaniem własnych granic, zwłaszcza w przypadku osób starszych.

Dlatego jestem zachwycony niedawnym badaniem pod tytułem *Extremely short duration high-intensity training substantially improves the physical function and self-reported health status of an elderly population* („Bardzo krótki trening o wysokiej intensywności znacznie poprawia sprawność fizyczną i samopoczucie zdrowotne u osób starszych") opublikowanym w czasopiśmie „Journal of the American Geriatrics Society"[40].

W tym badaniu naukowcy z Uniwersytetu Abertay w Szkocji zebrali grupę niewysportowanych osób w wieku od 61 do 74 lat i zaplanowali dla nich program ćwiczeń, w ramach którego ochotnicy wykonywali trening HIT przez dwie minuty w tygodniu.

Byli to ludzie, którzy w ciągu poprzedniego roku nie podejmowali regularnej aktywności fizycznej. Wyselekcjonowano osoby, które nie zażywały żadnych leków mogących wpłynąć na ich kondycję. Następnie losowo przypisano je do grupy trenującej lub grupy kontrolnej.

Ochotnicy odbywali dwie sesje treningowe: 10 powtórzeń po sześć sekund jazdy z maksymalną prędkością i oporem na rowerze stacjonarnym. Między powtórzeniami odpoczywali co najmniej przez minutę. Mieli założony monitor pracy serca i proszono ich, by nie zaczynali kolejnej rundy, dopóki serce nie zwolni poniżej 120 uderzeń na sekundę.

Kluczem do skutecznych ćwiczeń HIT jest nie prędkość, a wysiłek. Trzeba naginać własne granice, więc warto wykorzystać na przykład rower treningowy, na którym można szybko zwiększyć opór. Kierujący badaniem doktor John Babraj mówi: „Jeśli chodzi o tempo, nie musisz mieć wyników jak Usain Bolt. Prędkość jest drugorzędna – o ile wkładasz w to maksymalny wysiłek, twoje zdrowie się poprawi".

Pod koniec sześciotygodniowego badania ochotnicy wykonujący trening HIT przez dwie minuty w tygodniu schudli średnio jeden kilogram i stracili głównie tłuszcz, chociaż proszono ich, by nie zmieniali nawyków żywieniowych. Doktor Babraj uważa, że wynika to głównie z efektu, jakim jest spalanie tkanki tłuszczowej po wysiłku - metabolizm przez wiele godzin pozostaje przyspieszony. Choć spala się jedynie około 70 kalorii dziennie, to po sześciu tygodniach byłoby to 2000 kalorii - energetyczny odpowiednik 300 gramów tłuszczu. W przeciwieństwie do konwencjonalnych ćwiczeń, które często prowadzą do przejadania się, trening HIT zdaje się hamować apetyt.

Prawdziwe zalety tego dwuminutowego programu ćwiczeń dla osób starszych to jego wpływ na ciśnienie krwi, wydolność tlenową i poziom glukozy. Wysokie ciśnienie krwi w znacznym stopniu powoduje ryzyko chorób serca i zawału.

U ochotników wykonujących trening HIT ciśnienie krwi spadło średnio o 9% - to wynik lepszy niż w przypadku stosowania niektórych leków. O podobną wartość spadł poziom glukozy we krwi.

Nastąpił też ośmioprocentowy wzrost wydolności tlenowej, która jest miarą siły serca i płuc. Wydolność tlenowa to jeden z najtrafniejszych wskaźników tego, jaka będzie jakość i długość naszego życia.

Oczywiście ludzie starsi na początku muszą zachować ostrożność, ale większość z nas wciąż za bardzo się boi, że ćwiczenia na późniejszych etapach życia doprowadzą do zawału serca lub udaru. Tak naprawdę jest odwrotnie. Jeśli jednak zażywasz leki albo obawiasz się o zdrowie, przed rozpoczęciem nowego programu ćwiczeń skonsultuj się z lekarzem.

Co ci grozi, jeśli przesadzisz?

Chociaż brak ćwiczeń jest szkodliwy, to ich nadmiar też może być ryzykowny, nawet jeśli jesteś w dobrej formie. Wielu biegaczy, którzy trenują ponad siły, ma problemy jelitowe, zwłaszcza po tak dużym wysiłku jak na przykład maraton. Chociaż sam nie biegłem w maratonie, słyszałem, że podczas takich wydarzeń największe kolejki ustawiają się przy toaletach. „Maratony wygrywa się i przegrywa w toalecie", usłyszałem od znajomego. Chodzi o to, że nadmiar ćwiczeń może prowadzić do uszkodzeń jelit i zespołu cieknącego jelita. Wynika to z podwyższenia temperatury ciała i zmniejszenia przepływu krwi. U większości ludzi jest to skutek tymczasowy, mimo to pamiętaj: chociaż umiarkowany trening pozytywnie wpłynie na twoje jelita, to nie będą one zadowolone z nadmiaru ćwiczeń.

Stres, sen i mikrobiom

Ćwiczenia przydają się między innymi wtedy, gdy chcemy złagodzić stres. Nadmiar stresu, brak snu i niewłaściwy skład mikrobiomu to zjawiska powiązane.

Stres sprawia, że gorzej śpimy, a to powoduje, że kiepsko się odżywiamy (bo mamy większą ochotę na słodkie węglowodany i wysokotłuszczowe przekąski), co z kolei wspomaga rozrost „złych" mikroorganizmów w jelitach. Tyjesz, stajesz się bardziej marudny, śpisz jeszcze gorzej i tak dalej, i tak dalej. To potworne błędne koło. Kiepsko przespana noc najbardziej odbija się na naszym apetycie.

W jednym z badań, w którym poproszono 27 ochotników obu płci w wieku od 30 do 45 lat, by skrócili czas snu do czterech godzin tylko na jedną noc, odkryto szokujące zmiany w apetycie i poziomie hormonów głodu[41]. Co dziwne, niedobór snu inaczej wpływał na mężczyzn, a inaczej na kobiety. W przypadku mężczyzn skrócony sen prowadził do wzrostu poziomu greliny, hormonu sygnalizującego głód. U kobiet do tego nie dochodziło. Następował jednak spadek hormonu GLP-1, który informuje o sytości. Skutek był taki sam – badani jedli więcej, ale z innych powodów. Nie mamy pewności co do tego, dlaczego istnieje taka różnica między płciami.

Praca na zmiany i podróż między strefami czasowymi też paskudnie wpływają na organizm i mikrobiom. Gdy niedawno leciałem samolotem, zacząłem rozmawiać ze stewardessą, która powiedziała mi, że udaje jej się przetrwać dzięki pigułkom nasennym i napojom energetycznym. Wie, że to fatalne połączenie, ale wpadła w cug. „Nie powiedziałam o tym mężowi – wyznała. – Myśli, że przed snem zażywam tabletki z żelazem".

Doktor Eran Elinav i doktor Eran Segal odpowiedzialni za projekt Personalized Nutrition postanowili zbadać to zjawisko i poprosili studentów o odbycie podróży między strefami czasowymi. Zalecili im trzykrotne pobranie kału: przed wejściem do samolotu, po podróży, gdy mocno odczuwali jej skutki, a następnie po upływie dwóch tygodni.

Po otrzymaniu próbek naukowcy przeszczepili bakterie studentów sterylnym myszom. Doktor Elinav mówi, że wyniki były zadziwiające. „Myszy, którym przeszczepiono mikrobiom studentów zaraz po podróży, zrobiły się otyłe i zachorowały na cukrzycę. Te, które otrzymały próbki pobrane przed podróżą lub dwa tygodnie po niej, nie ucierpiały".

Wniosek brzmi: o ile to możliwe, staraj się unikać częstych podróży między strefami czasowymi. Inny wniosek jest taki, że wysypianie się powinno trafić na listę twoich priorytetów. Tyle że łatwiej powiedzieć, niż zrobić.

Co więc zrobić, jeśli źle sypiasz?

Porad dotyczących snu jest wiele. Większość z nich wypróbowałem, a niektóre mi pomogły. Oto kilka spośród najlepszych, popartych badaniami:

1. Codziennie ustawiaj budzik na tę samą godzinę. Dzięki temu powstanie rytuał, a organizm uwielbia rytuały. Niestety oznacza to, że w weekendy nie będziesz się dłużej wylegiwać.

2. Przed śniadaniem postaraj się pójść na spacer. Poranne światło wyłącza w mózgu produkcję melatoniny – hormonu pomagającego w zasypianiu. Jasne promienie naprawdę cię pobudzą. Jeśli cierpisz na sezonowe zaburzenia afektywne („jesienną chandrę"), będzie to szczególnie pomocne.

3. Poćwicz nieco w ciągu dnia. Liczne badania wykazały, że ćwiczenia poprawiają jakość snu.

4. Przygotuj się do snu co najmniej 90 minut przed pójściem do łóżka. Późne jedzenie bardzo szkodzi organizmowi, a zmuszanie jelit do intensywnego trawienia na pewno nie sprawi, że będziesz spać lepiej.

5. Ciepła kąpiel lub gorący prysznic co najmniej godzinę przed snem także mogą ci pomóc, o ile później się schłodzisz. To właśnie spadek temperatury ciała wysyła mózgowi sygnał, że czas spać. Właśnie dlatego warto spać w chłodnym pomieszczeniu.

6. Bezpośrednio przed snem unikaj oglądania telewizji, wpatrywania się w telefon i przeglądania mediów społecznościowych. Chodzi nie tylko o to, że te czynności nadmiernie cię ożywią – rzecz również w tym, że błękitne światło ekranów rozbudzi twój mózg. Za wszelką cenę unikaj oglądania telewizji lub korzystania z laptopa w łóżku. Łóżko powinno służyć do snu i seksu – do niczego więcej.

7. Ogranicz picie późnym wieczorem. Alkohol może pomóc zasnąć, ale zaburzy twoją fazę REM. To, czy pijesz wieczorem kawę czy nie, to kwestia indywidualna. Niektórzy szybko metabolizują

kofeinę – po prostu mają gen, który sprawia, że jej rozkład trwa bardzo krótko. Dzięki badaniom wiem, że szybko metabolizuję kawę i gdy piję ją wieczorem, raczej nie wpływa to na jakość mojego snu. Z kolei moja żona metabolizuje ją powoli i nie może pić jej po obiedzie – inaczej będzie bardzo źle spać.

8. Zanim położysz się do łóżka, wynotuj trzy dobre rzeczy, które zdarzyły ci się tego dnia. Wykazano, że to jeden z najlepszych sposobów na poprawę nastroju.

Jeśli cierpisz na bezsenność, możliwe, że już przetestowałeś te sprawdzone sposoby. Warto spróbować także lawendy i innych ziołowych preparatów. Dowody na ich działanie są słabe, ale a nuż w twoim przypadku zioła się sprawdzą.

Przejdźmy teraz do bardziej zaskakujących metod poprawy jakości snu: zmiany mikrobiomu.

Błonnik a sen

Jak się już przekonaliśmy, spożywanie błonnika zwiększa poziom dobrych bakterii, na przykład *Bifidobacteria*, które z kolei wydzielają najróżniejsze hormony i metabolity wpływające korzystnie nie tylko na zdrowie jelit i wagę, ale także – być może – na mózg. Obecnie mamy dowody na to, że większe spożycie błonnika poprawia też jakość snu. W niedawnym badaniu naukowcy z Institute of Human Nutrition przy Medical Center uniwersytetu Columbia w Nowym Jorku zebrali w swojej klinice snu 13 mężczyzn i 13 kobiet, których wiek wynosił średnio 35 lat. Następnie sprawdzili na nich różne sposoby żywienia. Obejmowały one zmiany w ilości jedzonego błonnika, tłuszczów nasyconych i cukru[42].

Badacze odkryli, że jedzenie posiłków bogatych w błonnik poprawia jakość głębokiego snu ochotników, a także sprawia, że zasypiają szybciej (ze średnio 29 minut czas skrócił się do 17). Z kolei jedzenie większej ilości tłuszczów nasyconych i cukru prowadziło do gorszej jakości snu – był on wtedy płytszy i mniej energetyzujący.

Doktor St-Onge, jedna z głównych badaczek, mówi: „Odkrycie, że dieta może wpływać na sen, ma ogromne znaczenie dla zdrowia, jako że coraz wyraźniej dostrzegamy rolę snu w rozwoju chronicznych chorób takich jak nadciśnienie, cukrzyca czy choroby układu krążenia".

Skrobia ziemniaczana a sen

Staram się nie tylko jeść więcej warzyw – wypróbowałem też skrobię ziemniaczaną, którą chyba szczególnie lubią bakterie *Bifidobacteria*. Jest to rodzaj skrobi opornej, którą pozyskuje się, rozdrabniając surowe ziemniaki, a następnie gromadząc cząstki skrobi ze zniszczonych komórek. Można ją kupić w sklepach ze zdrową żywnością lub przez internet. Chociaż nie wiem o żadnych badaniach klinicznych na ten temat, na forach internetowych można przeczytać, że łyżeczka skrobi ziemniaczanej wczesnym wieczorem pomaga zasnąć i sprawia, że sny są bardziej wyraziste niż zazwyczaj.

Jeśli masz ochotę to sprawdzić i przyczynić się do rozwoju nauki, proszę, zajrzyj na naszą stronę internetową i zgłoś chęć udziału w niewielkim badaniu. Będzie prowadzone przez internet i całkowicie anonimowe, ale z twoją pomocą być może uda się nam ustalić, czy spożywanie skrobi ziemniaczanej w ogóle jest skuteczne, a jeśli tak, to w jakim stopniu. Jeśli chcesz wziąć udział, przed rozpoczęciem koniecznie przeczytaj reguły postępowania zamieszczone na stronie internetowej, by wyniki były wymierne. Z góry bardzo ci dziękuję.

Stres

Niedobór snu prowadzi do stresu, a stres – do niedoboru snu. Obok rad typu „jedz mniej i więcej ćwicz" pojawiają się inne, równie irytujące i powtarzane często przez ludzi o dobrych chęciach, na przykład: „Spróbuj się zrelaksować". Wszyscy wiemy, że powinniśmy się zrelaksować, że nadmiar stresu nam szkodzi i miesza w życiu. Prawdziwe pytanie brzmi: co oprócz poprawy jakości snu możemy z tym zrobić?

W poprzednim rozdziale mówiłem już o probiotykach, wiemy też, że pomagają częstsze ćwiczenia. A co z innymi, bardziej „psychologicznymi" metodami?

Gdy jestem mocno zestresowany – na przykład wtedy, gdy przygotowuję się do wywiadu radiowego albo programu telewizyjnego na żywo – czuję się lepiej, jeśli powtarzam sobie, że moje doznania to nie stres, a podniecenie.

Oba te stany powodują przypływ adrenaliny, pocenie dłoni i pobudzenie. Organizm wie, że nie jesteś zrelaksowany, ale nie potrafi rozróżnić ekscytacji od stresu.

Dlatego powtarzanie sobie: „Bardzo się cieszę na to przeżycie i właśnie dlatego mój puls tak przyspieszył i trzęsą mi się dłonie" może pomóc. To na pewno lepsze od myślenia: „To będzie katastrofa, żałuję, że tu jestem, pomocy, pomocy, pomocy!".

W przypadku chronicznego stresu polecam techniki uważności (*mindfulness*). Już pisałem na ten temat, ale warto wspomnieć o nich też tutaj.

Czy możesz zmienić swój umysł?

Czy zdarza ci się, że po długiej jeździe samochodem w ogóle nie pamiętasz, że prowadziłeś, bo byłeś tak zatopiony we własnych myślach?

Większość z nas spędza czas na jawie, tak naprawdę żyjąc w swoim wewnętrznym świecie. Za dużo myślimy, a z myśleniem jest podobnie jak z innymi czynnościami – jego nadmiar często ma negatywne skutki. Kiedy ciągle błądzimy myślami, istnieje ryzyko, że popadniemy w błędne koło niezdecydowania, niechęci do siebie, depresji i bezsenności. Można temu zaradzić, ucząc się uważności.

Już dawno temu chciałem spróbować medytacji uważności, ale wcześniej nie udawało mi się do tego zmotywować. W końcu trzy lata temu uznałem, że nadszedł czas, by posprzątać w głowie. Ponieważ chciałem obiektywnie zmierzyć, jak to wpłynie na mój mózg, przed rozpoczęciem spotkałem się z profesor Elaine Fox. Wówczas pracowała na uniwersytecie w Essex, a teraz na Uniwersytecie Oksfordzkim.

Przeprowadziła liczne badania, między innymi zmierzyła aktywność elektryczną obu moich półkul mózgowych w stanie spoczynku. Co zaskakujące, badania wykazały, że u osób z dużą skłonnością do pesymizmu, neurotyczności i niepokoju prawa strona płata czołowego jest bardziej aktywna od lewej. Nazywa się to asymetrią mózgową. Wiemy, że do niej dochodzi, ale nie wiemy dlaczego.

Wyniki licznych badań, którym mnie poddano, wskazywały, że jestem pesymistą z mózgiem, który – jak to delikatnie ujęła Elaine – „jest bliżej negatywnego krańca spektrum".

Następnie przez sześć tygodni ćwiczyłem medytację uważności. Niektórzy ludzie lubią robić to w grupie, ale ja dużo się przemieszczałem, więc ostatecznie robiłem to z pomocą aplikacji.

Jeśli chcesz zobaczyć, o co w tym chodzi, spróbuj tego: usiądź prosto na wygodnym krześle, połóż dłonie na udach, zamknij oczy, a następnie mniej więcej przez minutę staraj się skupić uwagę wyłącznie na swoim oddechu.

Nie musisz go przyspieszać ani spowalniać, po prostu skup się na powietrzu przepływającym przez twoje nozdrza, wypełniającym płuca, unoszącym przeponę i pozwalającym jej opaść. Kiedy zauważysz, że twoje myśli błądzą – a zauważysz – łagodnie skieruj je znów na oddech.

Teraz przerwij czytanie. Nie odwracaj kartki. Odłóż książkę i spróbuj. To tylko minuta, nie masz nic do stracenia.

Jak poszło? Podejrzewam, że wykonywanie ćwiczenia nawet przez minutę było trudne. Pewnie czułeś dyskomfort, może doświadczałeś wewnętrznego oporu, uczucia, że to strata czasu. To zupełnie normalne – to znak, że twoje myśli są jak dzikie konie i nie przywykły do tego, by nad nimi panować.

ĆWICZENIE Z RODZYNKĄ

Kolejny sposób na to, by doświadczyć uważności, to ćwiczenie z rodzynką. Możesz też wykonać je z kostką czekolady, ale mnie za bardzo ona rozprasza. Zacznij od przeczytania instrukcji, a potem odłóż książkę. Możesz też wykonać ćwiczenie z przyjacielem, który przeczyta ci wskazówki. Albo wejdź na naszą stronę internetową – tam posłuchasz mojego nagrania, w którym poprowadzę cię przez ćwiczenie.

1. Weź rodzynkę – tylko jedną – i połóż ją na dłoni. Dokładnie jej się przyjrzyj. Obejrzyj ją tak, jakbyś nigdy wcześniej nie widział rodzynki. Zwróć uwagę na kolor, ciężar, na to, jak odbija się od niej światło. Podziwiaj ją przez parę chwil.
2. Następnie unieś ją palcami drugiej ręki i delikatnie ściśnij. Pobracaj ją w palcach. Naciesz się jej fakturą.
3. Potem ją powąchaj. Jak pachnie? Co przywodzi ci na myśl? Gorące letnie dni? Świąteczne grzane wino? Młodość i radość? Zamknij oczy, naciesz się tą chwilą, głęboko wdychaj rodzynkowe aromaty.
4. Teraz połóż ją na języku, ale nie przełykaj jej ani nie przeżuwaj. Możesz obracać ją w ustach językiem, ale powstrzymaj się przed gryzieniem. Znowu zamknij oczy, by móc się nią odpowiednio delektować.
5. W końcu rozgryź rodzynkę i zwróć uwagę, jak uwalniają się jej smaki.
6. Kiedy będziesz gotowy, połknij ją, ale postaraj się trwać w przeżyciu, ciesząc się posmakiem zjedzonej już rodzynki.

Kiedy zacząłem ćwiczyć uważność, bez przerwy szukałem wymówek, by unikać ćwiczeń. Byłem zbyt zajęty, zbyt zmęczony, zbyt głodny, zbyt zestresowany. Wytrwałem dzięki myśli o tym, że po sześciu tygodniach będę musiał się spotkać z Elaine Fox. Pomógł mi także fakt, że dołączyła do mnie moja żona Clare. Mimo to większość czasu przeznaczonego na medytację (z początku było to 10 minut, później stopniowo wydłużałem czas do 20 minut) spędzałem pochłonięty codziennymi problemami, a na właściwą drogę musiał co chwilę sprowadzać mnie głos w aplikacji.

Dobra wiadomość jest taka, że – podobnie jak w przypadku innych ćwiczeń – stopniowo stało się to łatwiejsze, chociaż rzadko udawało mi się skupić na dłużej niż kilka minut.

Postanowiłem, że będę nie tylko siedział w milczeniu, ale także pracował nad uważnością podczas zwykłych czynności. Zamiast po prostu wychylać kubek kawy, trzymałem go w dłoniach, czułem jego ciepło, skupiałem się na pracy mięśni podczas unoszenia go do ust, czułem ciepły płyn spływający po moim gardle i tak dalej.

Po sześciu tygodniach czułem się znacznie spokojniejszy, a bezsenność przestała być dla mnie aż tak wielkim problemem. Ale co z moim mózgiem? Wróciłem do Elaine, by ponownie mnie zbadała, i byłem zadziwiony wynikami. Przedtem mój mózg wskazywał, że jestem pesymistą o negatywnym nastawieniu, teraz równowaga między dwiema półkulami była o wiele większa, co wskazywało na znaczne ograniczenie negatywnych myśli i emocji.

Dlaczego uważność tak działa? Prawdopodobnie dlatego, że uczy cię kontrolować własne myśli i emocje. W ramach badania opublikowanego w czasopiśmie „Cognitive and Affective Neuroscience"[43] naukowcy poprosili 15 ochotników, by wzięli udział w czterech 20-minutowych lekcjach uważności. Następnie zastosowali specjalny skaner mózgu – rezonans magnetyczny ze znakowaniem spinów krwi tętniczej – by przyjrzeć się ich mózgom. Ochotnicy wypełnili także kwestionariusz dotyczący niepokoju przed ćwiczeniami i po nich.

Badacze odkryli, że uważność złagodziła lęki nawet o 39%. Zaobserwowali też, że zwiększyła się aktywność w obszarach mózgu odpowiedzialnych za kontrolowanie zmartwienia, zwłaszcza brzuszno-przyśrodkowej kory przedczołowej i przedniego zakrętu obręczy. To potwierdza teorię, że uważność wzmacnia naszą zdolność ignorowania negatywnych myśli i uczuć.

Wniosek

Jak pewnie zauważyłeś, mam lekką obsesję na punkcie jelit, a zwłaszcza mikrobiomu. Rozmowy z naukowcami i czytanie o najnowszych odkryciach były dla mnie bardzo ciekawym przeżyciem. Czuję, że wkroczyliśmy na zupełnie dziewiczy ląd zamieszkany przez dziwne, egzotyczne stworzenia, które dopiero zaczynają zdradzać nam swoje sekrety.

Podobnie jak przy każdym nowym odkryciu obok odkrywców jest wielu szubrawców. Handlarze podejrzanymi suplementami i bezużytecznymi probiotykami dobrze wiedzą, że zainteresowanie tymi produktami jest ogromne, i chętnie na tym zarabiają. Producenci żywności, którzy kiedyś przekonali nas o domniemanych korzyściach produktów niskotłuszczowych, teraz przygotowują się do produkcji najróżniejszych pokarmów korzystnych dla mikrobiomu. Radzę ci zachować ostrożność. Jeśli nie masz konkretnego powodu, by to robić (na przykład IBS lub konieczność przeciwdziałania problemom związanym z zażywaniem antybiotyków), kupowanie probiotyków może się okazać jedynie stratą pieniędzy.

Zamiast tego jedz nieprzetworzoną, „prawdziwą" żywność, kiedy tylko możesz. Spróbuj pokarmów fermentowanych. Wykorzystaj przepisy z tej książki, by poszerzyć swój jadłospis, i nakarm swój mikrobiom. Dobre jedzenie powinno być przyjemnością i warto się nim dzielić – nie tylko z ludzkimi przyjaciółmi, ale też z tymi wewnętrznymi.

Obiecuję ci, że odpowiednie dokarmianie i pielęgnowanie mikrobiomu jest warte wysiłku. Jeśli będziesz dbać o wszystkie te przyjazne mikroorganizmy, one będą dbać o ciebie. Jestem przekonany, że zaczynamy zupełnie na nowo rozumieć odżywianie, co może zmienić sposób leczenia bardzo wielu chorób, od otyłości po depresję. To dopiero początek – wiele jeszcze przed nami.

CZĘŚĆ II

JAK ZRESTARTOWAĆ MIKROBIOM

Dwuetapowy program leczenia

Jeśli masz łagodny IBS albo cierpisz na bóle brzucha lub wzdęcia, spróbuj wykonać „restart" swoich bakterii jelitowych. Zasada jest dość prosta – jeśli objawy złagodnieją lub znikną, gdy usuniesz dany pokarm, a potem wrócą, gdy na nowo go wprowadzisz, to znaczy, że zapewne są związane z twoją dietą. Jeśli jednak po tymczasowym wykluczeniu określonych pokarmów żadne zmiany nie nastąpią, to przyczynę twoich problemów stanowi najprawdopodobniej coś innego.

Poniższy program jest prosty i pomógł wielu osobom. Składa się z dwóch faz: fazy wykluczania i naprawy oraz fazy ponownego wprowadzania. To odpoczynek i regeneracja dla jelit. Na etap naprawy najlepiej poświęcić do czterech tygodni, chociaż niektórzy odczuwają tak szybką poprawę, że wystarczają im dwa tygodnie. Długość fazy ponownego wprowadzania pokarmów będzie zależeć od tego, czy napotkasz problemy podczas włączania ich do diety. Ogólnie chodzi o to, by działać ostrożnie i powoli.

Zanim zaczniesz

- Jeśli masz jakieś poważne problemy zdrowotne albo bardzo niepokojące objawy, zalecamy, żebyś najpierw skonsultował się z lekarzem. Być może twoje problemy mają przyczynę medyczną, którą należy się zająć w pierwszej kolejności. Ważne jest na przykład sprawdzenie, czy nie cierpisz na niezdiagnozowaną celiakię. Jeśli celiakii się nie zdiagnozuje, może ona powodować nieznaczne objawy albo nawet nie powodować żadnych, a mimo to prowadzić do poważnych problemów.

  Inne schorzenia, na przykład choroba zapalna jelit, mogą wymagać dokładniejszych badań lub leczenia.

  Ważne, by przed wprowadzeniem zmian w diecie wykluczyć inne istotne przyczyny problemów. Jeśli są jakieś powody, dla których ta metoda nie jest dla ciebie odpowiednia, sprawdź to teraz. Realizowanie programu pod opieką specjalisty może być pomocne.

  Jeśli masz niedowagę, podejrzewasz, że cierpisz na alergię pokarmową, masz inne poważne problemy zdrowotne albo jesteś chorowity, nie zalecamy rozpoczynania tego programu.
- Prowadź szczegółowy dziennik pokarmów i objawów przynajmniej przez tydzień przed rozpoczęciem – to pomoże ci odkryć możliwe stałe reakcje na składniki diety i inne czynniki (zob. przykład na stronie 238 lub wydrukuj tabelę ze strony cleverguts.com). Najlepiej prowadzić dziennik przez cały czas trwania programu, aż uda ci się zidentyfikować wszystkie przyczyny problemów. Chociaż wymaga to wysiłku, pomoże ci wypracować systematyczność i skupienie. Jeśli spotykasz się ze specjalistą, na pewno poda ci on użyteczne informacje.
- Planuj. Idź do dużego supermarketu, by sprawdzić, czym możesz zastąpić wykluczony pokarm. Mogą to być pokarmy

„bez" – na przykład bezglutenowe pieczywo czy płatki owsiane. Jako naturalne zamienniki glutenowego makaronu możesz wykorzystać na przykład ryż czy komosę ryżową.

Jeśli zbliżają się jakieś ważne uroczystości albo święta, które sprawią, że trudno będzie ci wytrwać na diecie, odłóż jej rozpoczęcie na później.

Pomocne praktyki, które warto stosować przez cały program

Dietetyczne

- Od razu ogranicz cukier, oczyszczone węglowodany skrobiowe, żywność przetworzoną i słodziki, w tym także słodzone napoje i soki. Fatalnie wpływają one na bakterie jelitowe i zaostrzają stany zapalne.
  Zalecamy, by ograniczyć je do minimum na czas programu, a także po jego zakończeniu.
- Unikaj tłuszczów trans i tłuszczów częściowo uwodornionych. Występują one głównie w produktach do smarowania i niektórych przetworzonych pokarmach, na przykład ciastkach i wypiekach.
- Stosuj post przerywany – 12–14 godzin postu nocą albo post 5:2 (pięć dni jedzenia normalnie, dwa dni postu z ograniczaniem kalorii). Gdy jelita będą mogły odpocząć od ciągłego trawienia, zyskają szansę, by się zregenerować, a dobre bakterie, na przykład *Akkermansia*, będą mogły się rozrastać (zob. strona 54).

Ogólne

- Jedz na siedząco i dokładnie przeżuwaj pokarmy – postaraj się, by pora posiłków była relaksująca! Może brzmi to jak coś oczywistego, ale dokładne przeżuwanie zmniejsza prawdopodobieństwo przejedzenia się, ponieważ daje jelitom więcej czasu na wysłanie sygnału „jestem najedzony".

- Obniż poziom stresu – zachowanie spokoju koi jelita i obniża poziom hormonów takich jak kortyzol, które zaburzają równowagę mikrobiomu.
- Zadbaj o zdrowy sen. Bardzo ważne, by wystarczająco długo i dobrze spać – to znaczy, że nie należy jeść późnym wieczorem i dobrze jest się kłaść do łóżka przed 22.30 przynajmniej cztery razy w tygodniu.
- Jeśli masz zaparcia, wypróbuj cytrynian magnezu lub triphalę, tradycyjny ajurwedyjski lek ziołowy. Warto też spróbować opracowanych przez Pię kapsułek z wodorostami (zob. strona 119). Pij mnóstwo wody.
- Otwieraj okna, wychodź na zewnątrz, zacznij pracować w ogródku. Zaproś do swojego życia więcej bakterii.

Faza 1. Wykluczanie i naprawa

W zależności od tego, jak poważna jest twoja sytuacja, możesz potrzebować co najmniej czterech tygodni w fazie 1, by ściany jelit miały czas się zregenerować. Pokarmy, które zwykle powodują problemy jelitowe, to między innymi gluten, nabiał, jaja, soja i kawa. Być może masz też podejrzenie, że jakieś konkretne pokarmy wywołują u ciebie problemy.

Nie zalecamy usuwania wielu pokarmów równocześnie, dlatego warto przeprowadzić fazę wykluczania i naprawy w kilku stadiach. Zawsze możesz później powtórzyć cały proces z mniej problematycznymi pokarmami.

Podczas fazy wykluczania i naprawy postaraj się unikać:

- Glutenu i oczyszczonych zbóż – jeśli tymczasowo wykluczysz je ze swojej diety, na twoim talerzu zostanie więcej miejsca na warzywa, które wzmocnią twoją florę jelitową.

- Nabiału – zwłaszcza mleka, ponieważ zawiera ono najwięcej laktozy. Proces fermentacji zmniejsza zawartość laktozy w jogurcie i serze. Możesz jednak uznać, że wolisz usunąć wszelki nabiał.
- Roślin strączkowych – zawierają lektynę, która może sprzyjać wzdęciom (wprowadź je na nowo po dwóch tygodniach, zwłaszcza jeśli stosujesz dietę wegetariańską – te rośliny to dobre źródło białka).
- Alkoholu (niestety).
- Roślin bardzo bogatych w błonnik, na przykład brokułów i łodyg jarmużu, fasolki szparagowej, niełuskanego grochu i warzyw kapustnych, na przykład kapusty i brukselki. Zwykle są one łatwiej strawne po ugotowaniu w wolnowarze. Na początku ogranicz pokarmy bogate w prebiotyki, w tym cebulę, czosnek i por. Wszystkie te pokarmy wprowadzimy na nowo w fazie 2.

Włącz do diety dużo:

- Uboższych w błonnik pokarmów roślinnych – niech przynajmniej połowę twojego talerza zajmują warzywa, zioła i owoce. Codziennie zjadaj co najmniej siedem porcji warzyw i owoców. Przeważać powinny warzywa. Postaraj się, by na talerzu było kolorowo. Różnorodność jest ważna dla zdrowia jelit, więc spożywaj 20–30 różnych odmian w ciągu tygodnia.
- Dobrej jakości białka – jest ono niezbędne do naprawy ściany jelit. Staraj się spożywać co najmniej 45–60 gramów białka dziennie. Wybieraj ryby (zwłaszcza tłuste), jaja, kurczaka, dziczyznę, czerwone mięso (pochodzące ze zwierząt karmionych trawą), soję, orzechy, tofu, tempeh.
- Sałatek z gorzkich roślin liściastych z octem lub przystawek z owoców cytrusowych – pobudzą one soki trawienne do działania.

- Pokarmów bogatych w polifenole, na przykład ziół, przypraw, orzechów, owoców (w tym owoców jagodowych), herbaty i ciemnej czekolady (o tak!).
- Fitoskładników – na przykład niezawierających skrobi warzyw i owoców o różnych kolorach. Ogranicz jednak spożycie owoców tropikalnych, melonów i winogron, ponieważ zawierają dużo cukru.
- Tłuszczów roślinnych – oliwy, oleju kokosowego, awokado, orzechów i nasion.

Faza 2. Ponowne wprowadzanie

Kiedy już zakończysz fazę wykluczania i naprawy oraz – miejmy nadzieję – poczujesz się lepiej, możesz zacząć wprowadzać nowe pokarmy oraz wracać do tych wykluczonych w fazie naprawy.

Możesz też zacząć wspomagać dobre bakterie, jedząc więcej prebiotyków i probiotyków.

Wprowadzaj pokarmy pojedynczo, z zachowaniem co najmniej trzydniowych odstępów. Chodzi o to, by zidentyfikować te, które powodują problemy.

Większe spożycie prebiotyków

Oto pokarmy odżywiające dobre bakterie:

- topinambur, cebula, por, czosnek, koper włoski, szparagi, jabłka, cykoria, kapusta chińska;
- rośliny strączkowe – można je włączyć do diety po dwóch tygodniach. Dla wegetarian są ważnym źródłem białka, ale należy wprowadzać je powoli, ponieważ mogą powodować gazy i wzdęcia.

Większe spożycie probiotyków

Oto pokarmy, które zwiększą liczebność dobrych bakterii:

- fermentowane warzywa, na przykład kapusta kiszona;
- jogurty z żywymi bakteriami;
- kefir;
- ser – zwłaszcza śmierdzący, na przykład roquefort, który zawiera dużo bakterii.

Ponowne włączanie wykluczonych pokarmów

Należy je dodawać pojedynczo, co trzy dni. Zjedz normalną porcję potencjalnie problematycznego pokarmu. Jeśli objawy wrócą – zwykle następuje to w ciągu kilku kolejnych dni – znów go wyklucz, odczekaj kilka dni, a następnie spróbuj wprowadzić coś innego.

Korzystaj z dziennika pokarmów i objawów (zob. strona 238), by śledzić postępy.

- Nabiał – zacznij od tłustego jogurtu, sera i masła, następnie włącz mleko.
- Pszenica/gluten – zacznij od ziaren zawierających mniej glutenu, czyli żyta, orkiszu i nasion lnu. Chleby na zakwasie są zwykle łatwiejsze do strawienia, ponieważ kwas mlekowy powstały w procesie fermentacji pomaga zneutralizować kwas fitynowy i jego pochodne. Następnie wprowadź pszenicę – znów daj sobie na to kilka dni.
- Spożywaj alkohol w umiarze i z jedzeniem. Najlepiej sięgaj po czerwone wino.

O tym należy pamiętać

Jeżeli po ukończeniu planu objawy wrócą, możesz powtórzyć cały proces. Jeśli jednak twoje objawy są szczególnie niepokojące i wbrew oczekiwaniom nie zanikają, zalecamy wizytę u odpowiedniego specjalisty, który udzieli ci bardziej indywidualnych porad i być może dokładniej zbada temat.

Pilnie udaj się do lekarza, jeśli:

- w twoim kale jest krew i/lub śluz,
- masz ostre i/lub długotrwałe bóle brzucha,
- w niewyjaśniony, nieplanowany sposób chudniesz lub tracisz apetyt,
- zauważyłeś zmianę w rytmie wypróżnień,
- cierpisz na anemię albo niedobór ważnych witamin lub składników odżywczych,
- masz ciągłą biegunkę i/lub wymiotujesz.

Jeśli podejrzewasz u siebie alergię pokarmową, ważne, byś spotkał się z lekarzem i wykonał badania – taka choroba może zagrażać twojemu życiu. Na szczęście alergie pokarmowe są dość rzadkie. Objawy występują zwykle w kilka minut po kontakcie z uczulającą substancją lub po jej zjedzeniu. Typową reakcją może być plamista czerwona wysypka w formie swędzących wybrzuszeń znana jako pokrzywka. Może dojść do wymiotów i/lub ostrych objawów jelitowych, na przykład biegunki; objawów ze strony układu oddechowego skutkujących świszczącym oddechem lub problemami z oddychaniem; swędzenia lub puchnięcia warg, języka i podniebienia oraz – bardzo rzadko – omdlenia.

O alergii pokarmowej mówi się wtedy, gdy organizm błędnie reaguje na pożywienie, wytwarzając przeciwciała IgE, by je zwalczyć po spożyciu (a w rzadkich przypadkach nawet po styczności ze skórą). Poziom przeciwciał IgE można zmierzyć, badając krew. Kiedy już lekarz pomoże ci określić, jaki pokarm cię uczula, możesz podjąć kroki, by go unikać, a jeśli to konieczne, mieć pod ręką leki do zażycia w nagłych wypadkach. Alergia to coś innego niż nietolerancja pokarmowa będąca niealergiczną nadwrażliwością – ta druga jest znacznie częstsza. W przypadku nietolerancji objawy zaczynają się często po kilku godzinach, a nie minutach. Są też bardziej zróżnicowane.

Jeśli zamierzasz wykluczyć dany pokarm lub grupę pokarmów na długi czas, skonsultuj się ze specjalistą, by się upewnić, że nie szkodzisz tym swojemu zdrowiu oraz że twoja dieta będzie zdrowa i zbilansowana.

Ta metoda nie jest odpowiednia dla dzieci.

PRZEPISY

autorstwa Tanyi Borowski (członkini British Association of Nutritional Therapists, uhonorowanej certyfikatem Institute for Functional Medicine's Certification Program) oraz doktor Clare Bailey

Na początek dnia...

W standardowych śniadaniach główną rolę odgrywają często ziarna w formie przetworzonych płatków i tostów. Ziarna są źródłem węglowodanów, które mogą powodować wzdęcia i gazy. Podczas realizowania naszego planu zalecamy ograniczenie ilości ziaren i stosowanie wyłącznie produktów pełnoziarnistych.

DYNIOWA MISKA ŚNIADANIOWA

(2 PORCJE)

Aby rozgrzać brzuszek i dobrze zacząć dzień, wypróbuj naszą dyniową miskę śniadaniową. Dynia zawiera dużo beta-karotenu – związku o silnym działaniu antyoksydacyjnym – oraz witamin A (wzmacniającej ściany jelit), C i E. Jest też bogata w błonnik, dzięki któremu twój mikrobiom będzie bardziej różnorodny.

300 g dyni (może być piżmowa) ugotowanej i pokrojonej w kostkę
50 g masła kokosowego (lub 30 g oleju kokosowego)
225 ml pełnotłustego mleczka kokosowego
1 łyżeczka pasty z nasion wanilii (lub 1 łyżeczka ekstraktu z wanilii)
szczypta soli
½ łyżeczki mielonego cynamonu
garść nasion granatu lub borówek do posypania

Wszystkie składniki oprócz owoców zblenduj na gładką pastę. Podgrzej ją nieco na patelni. Jeśli chcesz, możesz ją rozcieńczyć, dodając więcej mleczka kokosowego.

Podawaj na ciepło z nasionami granatu lub borówkami.

GRANOLA ORZECHOWO-CYNAMONOWA

(10 PORCJI)

To jeden z ulubionych przepisów Michaela. Jest to wspaniałe połączenie orzechów, nasion lnu i pełnych ziaren, które nasycą cię na dłużej. Ta granola jest smaczniejsza i zawiera mniej cukru niż taka ze sklepu. Jedz ją z domowym jogurtem lub kefirem (zajrzyj na strony 184 i 186), a żeby dodać jej trochę słodyczy, dorzuć nieobraną, pokrojoną w kostkę gruszkę.

100 g oleju kokosowego
100 g miodu lub syropu klonowego (dodaj o 20–30 g więcej, jeśli lubisz słodkości)
2 łyżeczki mielonego cynamonu
1 łyżka ekstraktu z wanilii
1 roztrzepane białko jaja
100 g płatków owsianych, ryżowych lub gryczanych (lub połączenie wszystkich trzech)

400 g mieszanki posiekanych orzechów (wybieraj spośród orzechów włoskich, migdałów, orzechów laskowych, orzechów pekan i orzechów nerkowca)

80 g zmielonych nasion lnu

1 łyżeczka soli morskiej

Rozgrzej piekarnik do 100°C. Na patelni powoli podgrzewaj olej, miód i cynamon, aż miód się rozpuści. Zdejmij patelnię z ognia i dodaj ekstrakt z wanilii.

Zostaw mieszankę do ostygnięcia, a następnie dodaj białko jaja.

W dużej misce wymieszaj płatki owsiane, orzechy i nasiona lnu. Dodaj mieszankę z patelni. Całość wyłóż na blachę do pieczenia, formując nieduże kopczyki. Włóż do piekarnika i piecz na złoty kolor.

Powinno to zająć od 1 do 1½ godziny. Sprawdzaj co jakiś czas i raz lub dwa razy przewróć na drugą stronę. Aby twoja granola była bardziej chrupiąca, możesz wyłączyć piekarnik i zostawić ją tam na kilka godzin, a nawet na całą noc.

Wystudzoną granolę przechowuj w szczelnym pojemniku. Podawaj z organicznym jogurtem greckim z żywymi bakteriami, a także dowolnymi owocami jagodowymi lub pokrojoną w kostkę gruszką.

KREMOWY MUS ŚNIADANIOWY Z BANANA I ORZECHÓW NERKOWCA
(2 PORCJE)

Banany są prebiotykiem i wspomagają rozwój przyjaznych bakterii jelitowych.

250 g surowych orzechów nerkowca

1 średni zamrożony banan

200 ml niesłodzonego mleka migdałowego

½ łyżeczki mielonego cynamonu

2 łyżeczki masła orzechowego

1 łyżeczka ekstraktu z wanilii

Orzechy nerkowca wrzuć do miski i zalej je wodą. Zostaw do namoczenia na noc albo co najmniej na 6 godzin, a następnie odcedź. Dodaj pozostałe składniki i rozdrobnij blenderem ustawionym na wysoką prędkość, tak by powstała gładka pasta. Podziel mieszankę na dwie porcje i włóż do lodówki. Podawaj na zimno.

Wskazówka: Obrane i pokrojone w kostkę banany przechowuj w torebce strunowej w zamrażarce.

PUDDING Z NASION CHIA

(1 PORCJA)

2 łyżki nasion chia

125 ml dowolnego mleka roślinnego (np. kokosowego, migdałowego lub z orzechów laskowych)

½ łyżeczki ekstraktu z wanilii

½ łyżeczki mielonego cynamonu

1 łyżka świeżych lub mrożonych owoców jagodowych

Wszystkie składniki z wyjątkiem owoców jagodowych wrzuć do słoika (o objętości mniej więcej 300 gramów) i dobrze wymieszaj. Dodaj połowę owoców i znów wymieszaj. Zakręć słoik i włóż do lodówki, najlepiej na noc, a przynajmniej na 30 minut. Nasiona wchłoną płyn i napęcznieją. Podawaj z pozostałymi owocami i jednym z tych dodatków:

1–2 łyżki uprażonych płatków kokosowych

1 łyżka mielonych migdałów lub nasion lnu

1–2 łyżki borówek lub malin

1–2 łyżki białka serwatkowego w proszku

ZIELONE SMOOTHIE NA ZDROWE JELITA

(1 PORCJA)

Nie lubimy smoothie ze sklepów, ponieważ zwykle są o wiele za słodkie. Uwielbiamy za to tę domową wersję. Szpinak ma dużo witamin i flawonoidów, które – jak dowiedziono – wspomagają korzystne bakterie w jelitach, z kolei awokado zawiera mnóstwo dobrych naturalnych tłuszczów i witaminy E.

2 garści organicznych liści szpinaku

220 ml wody

½ awokado

1 średni banan

1 łyżka tahini

1 łyżka posiekanego korzenia imbiru (opcjonalnie)

sok z 1 cytryny

Zblenduj wszystkie składniki na gęsty, gładki napój.

SMOOTHIE Z KIWI I NASION CHIA

(1 PORCJA)

Być może ten przepis powinien nosić nazwę Udrażniacz. Prawdopodobnie trochę rozrusza twoje jelita, jeśli masz skłonność do zaparć.

1 kiwi

¼ średniego awokado

4 łyżki nasion chia

sok z ½ limonki

220 ml wody

Zblenduj wszystkie składniki, aż uzyskasz gładką konsystencję.

SMOOTHIE TANYI NA ZESPÓŁ CIEKNĄCEGO JELITA

(1 PORCJA)

Tanya często poleca to smoothie swoim pacjentom. Kolagen jest źródłem dodatkowego białka i pomaga szczególnie osobom z zespołem cieknącego jelita. Badanie z 2014 roku wykazało, że spożywanie proszku kolagenowego może też zwiększyć elastyczność skóry[44].

200 ml niesłodzonego mleka kokosowego lub migdałowego

1 kostka mrożonego szpinaku lub garść świeżych liści szpinaku

50 g mrożonych owoców jagodowych (np. malin lub borówek)

2 łyżki organicznego proszku kolagenowego (opcjonalnie)

1 łyżeczka mielonego cynamonu

Krótko blenduj wszystkie składniki z dużą prędkością.

MLEKO ORZECHOWE

(1 SZKLANKA)

Nabiału – z wyjątkiem domowego jogurtu (jeśli go tolerujesz) – najlepiej unikać, gdy masz problemy jelitowe. Kazeina może wywołać stan zapalny i podrażnić błonę śluzową jelit, a laktoza – spowodować wzdęcia i biegunkę. Mleko roślinne – na przykład migdałowe, kokosowe czy orzechowe – możesz kupić albo zrobić samodzielnie zgodnie z tym prostym przepisem. Dzięki temu będziesz znać wszystkie składniki tego pożywnego i kremowego rarytasu.

125 g surowych niesolonych orzechów nerkowca

150 ml filtrowanej lub butelkowanej wody

mała szczypta soli morskiej

½ łyżeczki pasty z nasion wanilii (lub ¼ łyżeczki ekstraktu z wanilii)

Namaczaj orzechy co najmniej przez 4 godziny, a najlepiej przez noc. Następnie odcedź je i przepłucz. Umieść w blenderze z pozostałymi składnikami i blenduj z dużą prędkością aż do rozdrobnienia.

Aby uzyskać gładką konsystencję, przecedź mieszankę przez kawałek muślinu lub drobne sitko. Odciśnij płyn i wyrzuć zawartość muślinu. Przechowuj w szczelnym pojemniku do 4 dni. Podawaj schłodzone lub nieco podgrzej, by przygotować kremowy gorący napój.

LATTE Z KURKUMĄ

(2 PORCJE)

Kurkuma, podobnie jak imbir, to naturalny środek przeciwzapalny. Tutaj łączymy ją z kardamonem i imbirem, by stworzyć rozgrzewający aromatyczny napój.

1 cm korzenia imbiru (lub ½ łyżeczki mielonego imbiru)
2 cm korzenia kurkumy (lub 1 łyżeczka mielonej kurkumy)
300 ml mleka migdałowego lub kokosowego (z kartonu, nie z puszki)
nasiona z 2 łupin kardamonu
1 łyżeczka miodu ze sprawdzonej pasieki
2 łyżeczki oleju kokosowego
szczypta mielonego cynamonu

Obierz i zetrzyj na tarce świeży imbir i kurkumę, jeśli ich używasz. W małym rondlu podgrzej mleko roślinne, następnie dodaj imbir i kurkumę oraz nasiona kardamonu, miód i olej kokosowy, ciągle mieszając, by całe mleko się zagrzało i nieco spieniło. Przelej mieszankę do kubka i posyp cynamonem.

DOMOWY JOGURT

Domowy jogurt nie tylko zawiera zazwyczaj więcej bakterii probiotycznych niż ten ze sklepu – jest też o wiele smaczniejszy. Jeśli będziesz regularnie poświęcać mu parę chwil, po prostu będzie się ciągle robił.

Po 24-godzinnej fermentacji znika większość laktozy, zatem niektóre osoby nietolerujące tego związku zniosą jego ilość obecną w jogurcie. Najłatwiej zrobić własny jogurt w jogurtownicy, chociaż istnieje wiele osób, które przyrządzają go w sposób tradycyjny – zostawiają na noc w ciepłym miejscu pod przykryciem. Niektórzy umieszczają go w mikrofalówce, która działa jak duży termos.

- 1 litr organicznego pełnotłustego mleka (lub w proporcjach pół na pół: tłuste mleko i śmietanka 18%, by uzyskać bardziej kremową konsystencję)
- 2 czubate łyżki dobrej jakości organicznego jogurtu z żywymi kulturami bakterii lub 2 łyżki startera do jogurtu
- litrowy termos, przykryta miska lub jogurtownica
- cyfrowy termometr (opcjonalnie)
- litrowe szklane pojemniki

Upewnij się, że twój sprzęt i pojemniki są całkowicie czyste i zostały odkażone we wrzątku (lub w zmywarce ustawionej na cykl mycia gorącą wodą).

Jeśli korzystasz z jogurtu jako startera, najlepiej, by był w temperaturze pokojowej. Słoiki do przechowywania jogurtu też powinny mieć temperaturę pokojową.

Przelej mleko do garnka i powoli podgrzewaj, często mieszając, by się nie przypaliło. Zdejmij z ognia tuż przed zagotowaniem (gdy po bokach zaczną się pojawiać bąbelki). Zostaw do ostygnięcia mniej więcej do temperatury 30–40°C – powinno być odrobinę ciepłe w dotyku. (Jeśli używasz śmietanki, wymieszaj ją wcześniej z mlekiem – to przyspieszy chłodzenie). Następnie przelej szklankę mleka do miski i wymieszaj ze starterem. Dodaj resztę mleka i znów wymieszaj, by dobrze połączyć całość.

Na czas inkubacji umieść mieszankę w jogurtownicy, suchym, odkażonym termosie lub misce (koniecznie ją przykryj) i odstaw na dobę. (Niektórych jogurtownic nie da się ustawić na dłużej niż 15 godzin, więc w razie potrzeby po upływie tego czasu ustaw urządzenie ponownie). Im wyższa temperatura, tym szybciej zrobi się jogurt – ale nigdy nie powinna wynosić więcej niż 46°C).

Przełóż jogurt do czystych szklanych pojemników i przechowuj w lodówce (by zatrzymać fermentację) do 5 dni. Zachowaj 4 łyżki jogurtu, by w ciągu 5 dni zastosować go jako starter w następnej turze, i podtrzymuj linię produkcyjną…

Wskazówka: Jeśli jesteś wrażliwy na nabiał, zastosuj mleko kozie lub owcze. Zawierają one inny rodzaj kazeiny, który być może będziesz lepiej tolerować.

KEFIR

(PRZEPIS NA 500 ML)

Kefir był dla mnie miłym odkryciem. To napój z fermentowanego mleka o delikatnym smaku. Łatwo go zrobić. Podobnie jak w przypadku jogurtu podczas fermentacji rozkładana jest laktoza. Kultura kefirowa hodowana jest na bazie złożonego ekosystemu „ziaren", które wyglądają trochę jak maleńkie różyczki kalafiora, ale tak naprawdę są żywymi zbiorowościami 40–50 rodzajów bakterii i drożdży. Razem przyczyniają się do stworzenia jednego z najbogatszych w probiotyki napojów na świecie.

1–2 saszetki startera kefirowego w proszku lub 2–3 łyżki świeżych ziaren kefirowych

1 litr organicznego pełnotłustego mleka

litrowy szklany pojemnik z przykrywką

Odkaź przyrządy i pojemniki tak samo jak przed przygotowaniem domowego jogurtu.

Jeśli używasz proszku, utrzyj go na gładką pastę z odrobiną mleka, a następnie połącz w szklanym pojemniku z resztą mleka i wymieszaj. Jeśli korzystasz z ziaren, po prostu wrzuć je do pojemnika, wlej mleko i przemieszaj. Odstaw w ciepłe miejsce na mniej więcej 24 godziny – idealna temperatura to 22–24°C. Kefir powstaje szybciej w wyższej temperaturze, zatem w chłodny dzień może potrzebować nawet 30 godzin. Nie mieszaj go podczas fermentacji.

Jest gotowy, kiedy nieco zgęstnieje. Możesz to sprawdzić, nabierając go na łyżeczkę – wówczas na powierzchni powinno powstać wgłębienie. Przecedź go przez nylonowe sitko lub muślin nad szklanym pojemnikiem z przykrywką i wstaw do lodówki. Ziarna można ponownie wykorzystać – jeśli nie używasz ich od razu, przepłucz je filtrowaną wodą i zamroź. Jeśli się w to wkręcisz, niedługo będziesz mieć więcej ziaren, niż potrzebujesz – podziel się nimi, by ktoś mógł stworzyć kolejną kolonię!

Aby zróżnicować smak, możesz dodać łyżkę posiekanych owoców, parę kropli ekstraktu z wanilii albo torebkę herbaty owocowej. Kefir jest pyszny, gdy podaje się go z granolą (strona 178) i owocami.

DŻEM Z MALIN I NASION CHIA

Pyszny owocowy dżem o niskiej zawartości cukru, który przyrządza się cudownie szybko i łatwo. Możesz go też podawać jako coulis, wymieszany z tłustym jogurtem lub jogurtem kokosowym.

30–40 g pokrojonych w drobną kostkę daktyli bez pestek (lub 1–2 łyżeczki syropu klonowego)

125 g malin (mrożonych lub świeżych)

2–3 łyżeczki nasion chia (w zależności od tego, jaką gęstość wolisz)

Daktyle umieść w niewielkim garnku i zalej 2 łyżkami wody. Mieszając, ostrożnie podgrzewaj przez mniej więcej 2 minuty, aż powstanie gładka pasta. Dodaj maliny i nasiona chia, a następnie gotuj na małym ogniu przez 2–3 minuty. Następnie rozgnieć maliny tłuczkiem do ziemniaków albo spodnią stroną łyżki. Dżem można przechowywać w szczelnym pojemniku w lodówce maksymalnie przez tydzień.

ZIELONY CHLEBEK Z NASION LNU

(PRZEPIS NA BOCHENEK O WADZE 900 G, 10–12 KROMEK)

Nasiona lnu nadają temu chlebkowi pysznego orzechowego smaku. Poza tym są bogate w kwasy omega-3 i błonnik, które przypadną do gustu twojemu mikrobiomowi i jelitom.

80 g mielonych migdałów
200 g mielonych nasion lnu
50 g nasion chia
50 g pestek dyni
4 jaja
200 g świeżego (lub rozmrożonego) szpinaku
50 g oleju kokosowego (lub masła)
1 łyżeczka sody oczyszczonej
2 łyżki soku z cytryny
50 ml wody
1 łyżeczka soli morskiej

Rozgrzej piekarnik do 170°C. Keksówkę wyłóż papierem do pieczenia lub wysmaruj olejem kokosowym. Włóż wszystkie składniki do robota kuchennego i miksuj, aż uzyskasz gładkie ciasto. Umieść je w keksówce i wstaw do piekarnika. Piecz przez 45 minut, aż ciasto się upiecze (wbity szpikulec powinien być czysty po wyciągnięciu). Gdy chlebek ostygnie, wyjmij go z foremki, odwracając ją do góry dnem, i pokrój na kromki. Przechowuj je w torebce strunowej w lodówce lub zamrażarce. Smakuje wspaniale po opieczeniu w tosterze.

CHLEBEK ŚNIADANIOWY

(PRZEPIS NA BOCHENEK O WADZE 900 G, 10–12 KROMEK)

Dzięki mielonym migdałom, nasionom lnu i jajom ten chlebek zawiera dużo białka i mało ziaren, dlatego jest świetny na śniadanie lub przekąskę. Najlepiej podawać go na ciepło lub w formie tostów. Spróbuj posmarować go odrobiną masła orzechowego.

190 g mielonych migdałów
2 łyżki mąki kokosowej
40 g mielonych nasion lnu
1 łyżeczka soli morskiej
1½ łyżeczki proszku do pieczenia
5 jaj
30 g oleju kokosowego
1 łyżka syropu klonowego
1 łyżka żywego (niepasteryzowanego) octu jabłkowego

Rozgrzej piekarnik do 180°C. Keksówkę wyłóż papierem do pieczenia lub wysmaruj olejem kokosowym. Mielone migdały, mąkę kokosową, mielone nasiona lnu, sól i proszek do pieczenia umieść w naczyniu robota kuchennego i rozdrabniaj pulsacyjnie, aż wszystko się połączy. Następnie dodaj resztę składników i znów rozdrabniaj pulsacyjnie, aż powstanie gładkie ciasto. Piecz przez 40 minut albo do czasu, aż ciasto będzie złote i upieczone (wbity szpikulec powinien być czysty po wyciągnięciu). Gdy chlebek ostygnie, wyjmij go z foremki, odwracając ją do góry dnem, i pokrój na kromki. Przechowuj w torebce strunowej w lodówce lub zamrażarce.

Lunch

Przed posiłkiem, by pobudzić soki trawienne, możesz napić się „ginu z tonikiem" – czyli wychylić szklankę gazowanej lub niegazowanej wody z łyżką żywego octu jabłkowego. Najlepiej, by ocet zawierał matkę octową – substancję mającą w sobie białka, enzymy i przyjazne bakterie, które nadają jej mętny wygląd pajęczyny i mogą sprawiać, że ocet będzie wyglądać, jakby trochę zakrzepł.

Możesz też spróbować sałatki z garścią gorzkich zielonych warzyw, na przykład rukoli, liści mniszka pospolitego, endywii lub cykorii z dressingiem z octu jabłkowego (zob. strona 209), które również pobudzą przewód pokarmowy do wydzielania enzymów.

BLINY GRYCZANE

(10–12 ŚREDNICH BLINÓW)

Gryka to zboże niespokrewnione z pszenicą i bezglutenowe. Jest dobrym źródłem minerałów i antyoksydantów. Bliny to jakby skrzyżowanie racuchów z naleśnikami. Świetnie nadadzą się na wytrawny lub słodki brunch.

- 90 g mąki gryczanej (lub innej mąki pełnoziarnistej)
- 1 łyżeczka proszku do pieczenia
- duża szczypta soli
- 1 jajko
- 150 ml dowolnego mleka (np. kokosowego, zwierzęcego, sojowego, migdałowego)

Do miski wsyp mąkę, proszek do pieczenia i sól. Zrób wgłębienie pośrodku i wbij jajko, a następnie dodaj odrobinę mleka. Ubijaj jajko i mleko widelcem, stopniowo mieszając je z mąką. Równocześnie powoli dolewaj resztę mleka. Gdy uzyskasz gładkie ciasto, odstaw je na 20 minut.

Dużą płaską patelnię albo płaską płytę grillową nasmaruj odrobiną tłuszczu i umieść na średnim ogniu. Małą łyżeczką przelewaj porcje ciasta na patelnię – możesz smażyć 3–4 placki równocześnie, ale zostaw im trochę miejsca, ponieważ zwiększą objętość. Odwróć każdy z nich na drugą stronę, gdy na powierzchni pojawią się dziurki, a wierzch zacznie się ścinać (mniej więcej po 2–3 minutach).

Odwróć je znowu i smaż jeszcze przez 1–2 minuty, a potem zdejmij z patelni. Najpyszniejsze są świeże, ale możesz też przechowywać je w szczelnym pojemniku i podgrzać w tosterze na chwilę przed podaniem.

Wskazówka: Bliny smakują wybornie z pełnotłustym serkiem kanapkowym albo jego roślinnym odpowiednikiem. Na wierzchu ułóż marynowaną lub wędzoną rybę – makrelę albo łososia – skrop cytryną i posyp świeżo zmielonym czarnym pieprzem.

„SEREK" Z ORZECHÓW NERKOWCA

To pyszna pasta kanapkowa, którą warto wypróbować na jednym z naszych chlebków.

340 g namoczonych w wodzie i odcedzonych surowych orzechów nerkowca
120 ml wody
4 łyżki nieaktywnych płatków drożdżowych
2 łyżki soku z cytryny
2 ząbki czosnku

1 łyżka żywego (niepasteryzowanego) octu jabłkowego

1 łyżka musztardy Dijon

sól morska i pieprz do smaku

Zblenduj wszystkie składniki na gęstą, gładką pastę.

Wskazówka: Zastępuj tym „serkiem" majonez, jedząc jaja na twardo, lub stosuj jako dip do warzyw i krakersów bezglutenowych.

DIP Z ORZECHÓW WŁOSKICH I CZERWONEJ PAPRYKI

2 czerwone papryki przekrojone na pół i bez gniazd nasiennych

3 łyżki oliwy extra virgin

150 g prażonych orzechów włoskich

pęczek kolendry lub pietruszki

sól morska i pieprz do smaku

Rozgrzej piekarnik do 200°C. Papryki ułóż na blasze do pieczenia i skrop oliwą. Piecz w górnej części piekarnika przez 30 minut, następnie pokrój je z grubsza i włóż do blendera z pozostałymi składnikami. Dodaj więcej orzechów, jeśli chcesz uzyskać gęstszy dip. Podawaj z wybranymi surowymi warzywami, na przykład marchewką pokrojoną w słupki, selerem, różyczkami kalafiora albo cukinią pociętą spiralizerem, lub smaruj nim krakersy z nasion lnu, nasion chia i czerwonej papryki (zob. strona 204).

ZIELONY DIP Z WODOROSTAMI

Wodorosty występują w tradycyjnej kuchni wielu krajów, zwłaszcza azjatyckich. Ceni się je za bogactwo składników odżywczych – zawierają dużo białka, błonnika i kwasów omega-3 – a także za wspaniały smak. Cieszy nas, że możemy szukać smakowitych sposobów na włączenie ich do naszej diety.

1 żółta papryka

1 średnia cukinia

400 g odcedzonej białej fasoli (lub cieciorki) z puszki

1 zmiażdżony ząbek czosnku

2 łyżki oliwy extra virgin

2 czubate łyżki pesto

½ opakowania arkuszy do sushi nori (około 15 g) pokrojonych mniej więcej na 1-centymetrowe kwadraty

Rozgrzej wok lub dużą patelnię i przez mniej więcej 10 minut opiekaj na dużym ogniu paprykę oraz cukinię, od czasu do czasu je przewracając. Kiedy w kilku miejscach będą mocno przypieczone, zgaś ogień i przykryj warzywa. Zostaw na kilka minut, by zmiękły. Możesz też opiec warzywa na gorącym grillu.

Odetnij łodygę cukinii, a z papryki usuń gniazdo nasienne. Z obu warzyw wytnij mocno pociemniałą skórkę, a następnie pokrój je w kostkę. Umieść w naczyniu robota kuchennego razem z fasolą, czosnkiem i pesto. Mniej więcej przez minutę rozdrabniaj pulsacyjnie – konsystencja nie powinna być całkiem gładka.

Dodaj nori (zostaw małą garść do dekoracji) i krótko miksuj. Powstały dip przełóż do miski, posyp pozostałymi wodorostami i podawaj z wybranymi surowymi warzywami, na przykład słupkami z marchewki, minikolbami kukurydzy, różyczkami kalafiora lub brokułu albo z naszymi krakersami z nasion lnu, nasion chia i czerwonej papryki (zob. strona 204).

BULION NA KOŚCI KOJĄCY JELITA

Ściany twoich jelit mogą zostać uszkodzone przez najróżniejsze czynniki: infekcje, niektóre leki czy białka. Ściany jelit składają się z jednej warstwy komórek, a jeśli połączenia ścisłe między nimi się otworzą, stajesz się podatny na chorobę zwaną zespołem cieknącego lub nieszczelnego jelita. Może ci pomóc spożywanie kolagenu. Występuje on w mięsie, chrząstce, skórze i kościach i jest uwalniany podczas gotowania.

Bulion na kości jest bardzo popularny wśród osób dbających o zdrowie i uprawiających sport – nawet tych, które nie cierpią na zespół cieknącego jelita – zawiera bowiem dużo ważnych składników odżywczych. Poza tym wspaniale pomaga wyleczyć się z przeziębienia.

1 średni organiczny kurczak lub 1½ kg kawałków kurczaka (z kośćmi)
1 posiekana cebula
3 pokrojone marchewki
2 pokrojone łodygi selera
2–3 pokrojone w plastry cukinie
2 ząbki czosnku
2 łyżki żywego (niepasteryzowanego) octu jabłkowego
2 łyżki oleju kokosowego
2–3 plasterki korzenia imbiru
1 łyżeczka mielonej kurkumy
sól morska i ziarna czarnego pieprzu

Włóż wszystkie składniki do dużego garnka i wlej tyle wody, by je przykryła (ale nie więcej). Zagotuj, następnie zmniejsz ogień i gotuj pod przykryciem co najmniej 2–3 godziny, a najlepiej przez 6–8 godzin. W razie potrzeby dolewaj wody.

Wyjmij kurczaka i odłóż na talerz do wystygnięcia. Oddziel mięso od kości i wykorzystaj na przykład do sałatki z kurczakiem (zob. strona 210).

Bulion możesz przechowywać w lodówce przez 3–4 dni lub zamrozić na nie dłużej niż miesiąc. Spróbuj go w formie ciepłego napoju. Jest szczególnie smaczny z odrobiną soku z cytryny i soli morskiej.

ZUPA KREM Z KALAFIORA I TOPINAMBURU

(4 PORCJE)

Kalafior to dobre źródło witaminy C. Zawiera też związki stymulujące wydzielanie odtruwających enzymów. Z kolei w topinamburze jest mnóstwo przyjaznej dla jelit inuliny.

2 łyżki oliwy

1 drobno posiekana cebula

3 grubo posiekane ząbki czosnku

½ łyżeczki mielonej kurkumy lub 1 łyżeczka startego świeżego korzenia

1 duża główka kalafiora podzielona na różyczki

150 g topinamburu – wyszorowanego, obranego i pokrojonego w plastry

400 ml pełnotłustego mleczka kokosowego z puszki

600 ml bulionu warzywnego

2 łyżeczki sosu sojowego tamari

świeżo zmielony czarny pieprz

garść posiekanych świeżych liści kolendry

Rozgrzej oliwę na dużej patelni. Przez 5 minut smaż na średnim ogniu cebulkę, czosnek i kurkumę. Dodaj różyczki kalafiora i topinambur, dokładnie wszystko wymieszaj, a potem wlej mleczko kokosowe, bulion i sos sojowy. Zagotuj, a następnie od razu zmniejsz ogień i gotuj przez 15 minut lub do czasu, aż warzywa będą miękkie. Dopraw do smaku pieprzem. Zblenduj zupę do uzyskania gładkiej konsystencji. Podawaj z posiekaną kolendrą i kromką chlebka z nasion lnu (zob. strona 188).

ZUPA Z KURCZAKIEM „SZCZĘŚLIWE JELITA"

(4 PORCJE)

1 posiekana biała cebula
2 łyżki oliwy extra virgin
1 posiekany mały ząbek czosnku
mięso z 2 dużych ud kurczaka pokrojone w kostkę
700 ml wody lub bulionu na kości kojącego jelita (zob. strona 194)
1 łyżeczka posiekanego korzenia imbiru
sok z 1 limonki
4 średnie marchewki pokrojone w plasterki
1 czerwona i 1 żółta papryka bez gniazd nasiennych, posiekane
1 pokrojona główka brokułu
1 łyżeczka posiekanego świeżego tymianku (lub ½ łyżeczki suszonego)
garść posiekanej świeżej kolendry i pietruszki
2 łyżeczki posiekanego szczypiorku
sól morska i pieprz do smaku

W dużym garnku rozgrzej oliwę i na małym ogniu podsmaż cebulę, czosnek i kurczaka. Gdy się zarumienią, dodaj pozostałe składniki z wyjątkiem świeżych ziół i gotuj na wolnym ogniu przez 60–90 minut albo do czasu, aż warzywa będą miękkie, a smaki się połączą. Dopraw dużą ilością soli i świeżo zmielonego czarnego pieprzu.

Na kilka minut przed podaniem dodaj świeże zioła.

ZUPA Z MARCHEWKI I KURKUMY

(4 PORCJE)

Kurkuma, nasza przeciwzapalna przyjaciółka, dodaje tej pysznej zupie koloru i smaku.

3 łyżki oliwy

1 posiekana biała cebula

2 łyżeczki mielonej kurkumy lub 2 cm startego świeżego korzenia

1 łyżeczka posiekanego korzenia imbiru

2 posiekane ząbki czosnku

500 g marchewek pokrojonych na 2-centymetrowe kawałki

400 ml wody, bulionu na kości kojącego jelita (zob. strona 194) lub bulionu ze sklepu (np. firmy Marigold)

sok z 1 limonki

sól morska i pieprz do smaku

W dużym garnku rozgrzej oliwę i na średnim ogniu przez 5 minut podsmażaj cebulę z dużą szczyptą soli. Dodaj kurkumę, imbir i czosnek. Smaż przez 1–2 minuty, a następnie dodaj marchew i bulion. Wymieszaj i zagotuj, potem zmniejsz ogień i gotuj pod przykryciem przez mniej więcej 25 minut. Blenderem ręcznym zmiksuj zupę na gładką konsystencję. Dodaj sok z limonki i w razie potrzeby trochę więcej wody. Dopraw do smaku solą morską i pieprzem.

ZUPA Z ZIELONEGO GROSZKU

(4 PORCJE)

500 g mrożonego zielonego groszku

2 dojrzałe awokado

kilka posiekanych listków mięty

2 posiekane cebule szczypiorowe

1 łyżka sosu sojowego tamari (lub innego sosu sojowego)

sól morska i pieprz do smaku

Gotuj groszek w gorącej wodzie przez 3–4 minuty, następnie odcedź i zblenduj z pozostałymi składnikami. Dopraw do smaku.

KLASYCZNA SAŁATKA GRECKA

(2 PORCJE)

Ten kulinarny klasyk to wspaniałe pożywne danie – warzywa zawierają mnóstwo antyoksydantów, błonnika i witamin (między innymi witaminy C, A i B2), a ser – wapń, białko i tłuszcze, które cię nasycą i pomogą przyswoić witaminy. W sałatce greckiej są też sympatyczne bakterie, które zatroszczą się o twój mikrobiom.

½ średniego ogórka bez nasion, pokrojonego w 1-centymetrowe plastry

2 duże dojrzałe pomidory lub 4 średnie dojrzałe pomidory z gałązki pokrojone w ósemki

½ małej zielonej papryki bez nasion, pokrojonej w cienkie paski (opcjonalnie)

garść oliwek kalamata

½ pokrojonej w cienkie paski małej czerwonej cebuli

80 g sera feta dobrej jakości

drobno posiekane liście z gałązki oregano (lub duża szczypta suszonego oregano)

2–3 drobno posiekane listki mięty

2 łyżki oliwy extra virgin

1 łyżka octu z czerwonego wina

sól morska i pieprz do smaku

Ułóż ogórka i pomidory po bokach szerokiej miski. Dodaj paprykę, jeśli jej używasz, a następnie oliwki i czerwoną cebulę. Na wierzchu ułóż ser feta i posyp go ziołami. Skrop obficie oliwą (sałatka powinna być nią pokryta, ale nie powinna w niej tonąć) oraz octem. Na koniec posyp drobno zmieloną solą morską, na przykład solą Maldon, i świeżo zmielonym czarnym pieprzem.

Wskazówka: Składniki sałatki greckiej zwykle układa się na talerzu, a nie miesza, a ser kładzie się na wierzchu w jednym kawałku.

SAŁATKA Z MARCHEWKI I BURAKA

(4 PORCJE)

Buraki są nie tylko smacznym i chrupiącym dodatkiem do dań, ale także jednym z nielicznych *superfoods* naprawdę zasługujących na to miano. Zawierają dużo azotanów, wykazano też, że obniżają ciśnienie krwi.

2 łyżki świeżo wyciśniętego soku z pomarańczy

2 łyżki świeżo wyciśniętego soku z cytryny

4–5 łyżek oliwy

2 łyżka sosu sojowego tamari

¼ łyżeczki soli morskiej

300 g startej marchewki

300 g obranego i startego buraka (najlepiej przed przygotowaniem go włóż gumowe rękawiczki)

150 g uprażonych pestek dyni

100 g uprażonych orzechów laskowych

125 g sera feta (opcjonalnie)

1 łyżeczka nasion kolendry

Przygotuj dressing: wymieszaj sok z pomarańczy i cytryny, oliwę, sos sojowy i sól. W misce wymieszaj marchewkę i buraka.

Na małej patelni podpraż pestki dyni i orzechy, podrzucając je często, aż nabiorą złotego koloru. Na minutę przed zdjęciem z ognia dorzuć nasiona kolendry. Kiedy ostygną, posyp nimi warzywa. Całość polej dressingiem. Jeśli używasz sera feta, pokrusz go i posyp nim sałatkę.

SAŁATKA Z FITOSKŁADNIKAMI

Ta sałatka pomoże ci osiągnąć równowagę między smakiem i wartościami odżywczymi – zawiera szczególnie dużo ważnych fitoskładników. Co najmniej trzy czwarte twojej miski powinny stanowić rośliny, ale upewnij się, że dostarczasz sobie też potrzebnego białka i tłuszczów. Nasze propozycje to:

3–4 porcje kolorowych warzyw (jedną z nich można zastąpić owocem), na przykład:

1 pokrojona w plasterki marchewka

½ pokrojonej w plasterki papryki (czerwonej, pomarańczowej lub żółtej)

½ pokrojonej w plasterki cukinii

5 pomidorków koktajlowych

4 szparagi ugotowane na parze

3–4 karczochy lub serca palmy

½ szklanki rzodkiewek, groszku cukrowego lub grzybów

owoce (około ½ szklanki) – truskawki, nieobrana gruszka lub jabłko, papaja, mango, winogrona, granat, borówki lub maliny

1–2 szklanki dowolnego z poniższych zielonych warzyw:

szpinak, mieszanka sałat, rukola, jarmuż, brokuły, cykoria, kalafior, kapusta chińska, kiełki, burak liściowy, kapusta

1–2 porcje białka, na przykład:

2 jaja ugotowane na twardo

mięso: kurczak, indyk, wędlina (około 80 g)

tłuste ryby: tuńczyk, łosoś, makrela, sardynki, lub białe ryby: pstrąg, dorsz, łupacz (około 100 g)

nabiał: twardy ser, ser halloumi, ser kozi, feta (30–60 g)

białko roślinne: duża garść soczewicy, fasoli (ogranicz jedną i drugą, jeśli cierpisz na IBS lub wzdęcia), orzechów, nasion albo kilka łyżek tofu, tempeh lub hummusu

2–3 porcje zdrowych tłuszczów, na przykład:

½ małego awokado

6 oliwek

1–2 łyżki dressingu z oliwy extra virgin, oleju sezamowego, z orzechów włoskich lub rzepaku (zob. strona 207)

prażone nasiona lub orzechy: pestki dyni, orzeszki piniowe, słonecznik, orzechy włoskie, orzechy nerkowca

1–2 porcje roślin strączkowych, dyni lub pełnych ziaren (opcjonalnie):

50 g ugotowanej komosy ryżowej, brązowego ryżu, pełnego ziarna jęczmienia lub dzikiego czerwonego ryżu

1 kromka pełnoziarnistego chleba: jaglanego, orkiszowego lub żytniego (lub w razie potrzeby bezglutenowego)

50 g gotowanej fasoli, soczewicy lub cieciorki

100 g upieczonej i pokrojonej w kostkę dyni

Żeby dodać smaku:

fermentowane warzywa, np. kapusta kiszona lub kimchi

marynowane warzywa, np. korniszony lub papryczki jalapeño

wodorosty: pocięte w paski nori, kelp lub dulse w płatkach

świeże zioła: kolendra, mięta, pietruszka, bazylia itd.

NAŁADUJ SIĘ FITOSKŁADNIKAMI

Fitoskładniki to naturalne składniki roślin pomagające im zachować zdrowie oraz chroniące przed szkodliwymi czynnikami zewnętrznymi. Ich właściwości antyoksydacyjne i przeciwzapalne są bardzo korzystne także dla ludzi. Jedzenie ich pomaga zachować równowagę mikroorganizmów w jelitach i utrzymać ich właściwe funkcjonowanie.

Fitoskładniki w owocach i warzywach mają najróżniejsze kolory – są zielone, żółtopomarańczowe, czerwone, niebieskofioletowe i białe. Najważniejsze, by jeść rośliny w różnych kolorach – w każdym z nich po jednej lub dwie dziennie.

LUNCH Z FITOSKŁADNIKAMI

(1 PORCJA)

1. Kolory:

½ szklanki pokrojonej w cienkie paski czerwonej kapusty

1 mała lub średnia marchewka, starta lub pokrojona w cienkie plasterki

½ szklanki czerwonej papryki bez gniazd nasiennych, pokrojonej w paski

4 odcedzone serca karczochów z puszki (smakują jeszcze lepiej opieczone na grillu)

2. Zielenina:

1 szklanka liści szpinaku

4–5 różyczek brokułu ugotowanych na parze

3. Białko:

2 jaja ugotowane na twardo i grubo posiekane

2 łyżki mieszanki uprażonych nasion

4. Zdrowe tłuszcze:

dressing, np. dressing z octem jabłkowym (zob. strona 209)

½ awokado

5. Opcjonalnie – rośliny strączkowe, pełne ziarna lub dynia:

np. 100 g dyni (może być piżmowa) pokrojonej w kostkę i upieczonej z odrobiną oliwy

Aby dodać smaku:

Garść posiekanych świeżych liści kolendry

sól morska Maldon i pieprz do smaku

W dużej misce lub pudełku próżniowym (jeśli zabierasz lunch do pracy) wymieszaj wystudzoną dynię ze szpinakiem, brokułami, czerwoną kapustą, marchewką, czerwoną papryką i sercami karczocha. Dodaj ugotowane jaja, potem posyp danie nasionami, pokrojonym w kostkę awokado i kolendrą.

Wskazówka: Jeśli zabierasz lunch do pracy, dressing przelej do małego zakręcanego słoiczka, by polać nim sałatkę w porze posiłku.

KRAKERSY Z NASION LNU, NASION CHIA I CZERWONEJ PAPRYKI

(OKOŁO 40 SZTUK)

Te smaczne krakersy dobrze pasują do sera lub dipu, na przykład zielonego dipu z wodorostów (strona 193) lub hummusu (strona 206). Ich jedyną wadą jest to, że trudno się od nich oderwać…

1 średnia czerwona papryka
1 łyżeczka oliwy
200 g mielonych nasion lnu
60 g mielonych migdałów
60 g nasion chia
1 łyżeczka purée pomidorowego
skórka i sok z ½ niewoskowanej cytryny
1 łyżka sosu sojowego tamari (lub innego sosu sojowego)
1 łyżeczka bulionu (lub ½ organicznej warzywnej kostki rosołowej)

Rozgrzej piekarnik do 150°C. Paprykę cienko posmaruj oliwą i piecz ją przez 20 minut lub do miękkości. Wyjmij ją z piekarnika, wystudź, przekrój na pół, usuń nasiona i pokrój w kostkę.

W międzyczasie zblenduj pozostałe składniki w robocie kuchennym z 50 ml wody (lub włóż je do miski i użyj blendera ręcznego).

Dodaj pokrojoną paprykę i znów rozdrobnij. Jeśli ciasto jest zbyt suche i grudkowate, stopniowo dolewaj wody – od ½ do 1 łyżki.

Rozwałkuj ciasto tak cienko, jak tylko możesz bez rozdzierania – mniej więcej na grubość 3 milimetrów. Najłatwiej zrobić to, układając je między 2 arkuszami papieru do pieczenia posmarowanymi olejem kokosowym lub masłem. Zdejmij wierzchnią warstwę papieru i przełóż ciasto na blachę. Na jego powierzchni nakreśl kwadraty i wstaw do piekarnika.

Piecz przez 20–30 minut. Pod koniec często sprawdzaj, żeby wyjąć krakersy, gdy tylko nabiorą złotego koloru (nie chcemy, by były zbyt brązowe).

Po wyjęciu odwróć krakersy na drugą stronę i piecz przez kolejne 20 minut, by nabrały chrupkości. Często do nich zaglądaj, by się nie przypaliły. Następnie podziel je na kwadraty, wystudź i przechowuj w szczelnym pojemniku.

Wskazówka: Jeśli masz silikonową matę do pieczenia, wykorzystaj ją zamiast spodniej warstwy papieru – ciasto będzie mniej przywierać do silikonu. Jeśli zauważysz, że krakersy straciły chrupkość, wstaw je na 5 minut do piekarnika nagrzanego do 120°C.

Podstawowy hummus *(mniej więcej dla 4 osób)*

250 g odcedzonej cieciorki z puszki
sok z ½–1 limonki
1 łyżka tahini
1 łyżeczka soli morskiej
1 drobno posiekany ząbek czosnku
5 łyżek oliwy

Zblenduj wszystkie składniki w robocie kuchennym lub użyj ręcznego blendera. Powinna powstać kremowa pasta.

Teraz dodamy trochę koloru…

Zielony hummus *(mniej więcej dla 6 osób)*
Do podstawowych składników dorzuć dodatkowy ząbek czosnku, a także 150 gramów ugotowanego groszku.

Fioletowy hummus *(mniej więcej dla 6 osób)*
Zblenduj z hummusem 2 obrane, pokrojone i upieczone buraki oraz kilka listków mięty.

Czerwony hummus *(mniej więcej dla 6 osób)*

podstawowy hummus
1 duża czerwona papryka, przepołowiona i bez gniazd nasiennych
szczypta płatków chili (opcjonalnie)

Paprykę opiekaj na grillu przez 15–20 minut, aż skórka w niektórych miejscach będzie zwęglona, a miąższ miękki. Zgrubnie pokrój i zblenduj z hummusem. Możesz dodać płatki chili.

Żółty hummus *(mniej więcej dla 6 osób)*

podstawowy hummus
1 dodatkowy ząbek czosnku
2 łyżeczki mielonej kurkumy
1 łyżka oliwy lub oleju kokosowego
1 mały kalafior

Rozgrzej piekarnik do 175°C. Od kalafiora oderwij liście, pokrój go na 2–3-centymetrowe kawałki i wymieszaj z oliwą oraz kurkumą. Rozłóż na blasze i piecz przez 15–20 minut, aż będzie miękki i odrobinę złoty, ale nie przypalony. Zblenduj razem z hummusem.

DRESSINGI

(1–2 ŁYŻKI NA PORCJĘ)

Dodawaj do dressingów dużo oleju – nie tylko dlatego, że dzięki niemu sałatki smakują lepiej. Olej zwiększa przyswajalność niektórych składników odżywczych i spowalnia przyswajanie skrobi oraz cukrów – dzięki temu będziesz dłużej syty.

Przeciwzapalny dressing z kurkumy

4 łyżki oliwy extra virgin
sok i skórka z 2 niewoskowanych cytryn
¼ awokado
1 drobno posiekany ząbek czosnku
1 łyżka startej świeżej kurkumy lub 1 łyżeczka mielonej kurkumy
1 łyżeczka miodu
szczypta soli morskiej Maldon do smaku

Zblenduj wszystkie składniki. By uzyskać gęstszą konsystencję, dodaj więcej awokado.

Dressing z orzechów nerkowca

1 łyżka „serka" z orzechów nerkowca (zob. strona 191)

2 łyżki żywego (niepasteryzowanego) octu jabłkowego

Wymieszaj składniki w misce.

Prosty dressing z oliwy i cytryny

200 ml oliwy extra virgin

50 ml soku z cytryny

½ łyżeczki miodu lub syropu klonowego

½ łyżeczki pieprzu cayenne lub ½ posiekanej czerwonej papryczki chili (opcjonalnie)

Umieść składniki w zakręcanym słoiku i potrząśnij, by się połączyły.

Cytrynowy winegret

sok z ½ cytryny

skórka z 1 niewoskowanej cytryny

1 łyżka żywego (niepasteryzowanego) octu jabłkowego

1 łyżeczka musztardy Dijon

1 łyżka drobno posiekanej kiszonej cytryny

5 łyżek oliwy extra virgin

Zblenduj wszystkie składniki z wyjątkiem oliwy. Powoli dolewaj oliwę aż do uzyskania pożądanej konsystencji.

Zielony winegret

1 łyżeczka opłukanych kaparów

mała garść świeżej pietruszki

mała garść świeżej bazylii

mała garść świeżej mięty

1 łyżka posiekanego świeżego szczypiorku

1 drobno posiekany ząbek czosnku

1½ łyżki żywego (niepasteryzowanego) octu jabłkowego

5 łyżek (75 ml) oliwy extra virgin

Zblenduj wszystkie składniki.

Dressing z octem jabłkowym

200 ml oliwy extra virgin

50 ml żywego (niepasteryzowanego) octu jabłkowego

1 łyżka soku z cytryny

½ łyżeczki miodu lub syropu klonowego

1 drobno posiekany ząbek czosnku

Umieść składniki w zakręcanym słoiku i potrząśnij, by się połączyły.

Dressing z hummusu

2 łyżki hummusu

2–4 łyżki żywego (niepasteryzowanego) octu jabłkowego

2 łyżki nieaktywnych płatków drożdżowych

odrobina soku z limonki

5 łyżek oliwy extra virgin

sól i mielony czarny pieprz

Umieść składniki w zakręcanym słoiku i potrząśnij, by się połączyły.

Dania główne

AZJATYCKA SAŁATKA Z KAPUSTY Z KURCZAKIEM

(4 PORCJE)

W tym kolorowym daniu znajdziesz mnóstwo składników przyjaznych jelitom. Możesz wykorzystać kurczaka, który został po gotowaniu bulionu na kości kojącego jelita (zob. strona 194).

4 średnie marchewki

1 mała biała kapusta

½ małej czerwonej kapusty

1 mango pokrojone w plasterki

kilka garści ugotowanego kurczaka z bulionu

Jeśli przygotowujesz kurczaka specjalnie do sałatki:

3 średnie piersi kurczaka (ze skórą i kością)

1 średnia marchewka przekrojona w poprzek

1 średnia łodyga selera naciowego (ze środka rośliny) przekrojona w poprzek

3 gałązki pietruszki

2 gałązki świeżego tymianku

2 świeże listki laurowe

½ łyżeczki ziaren czarnego pieprzu

1 łyżeczka soli gruboziarnistej

Dressing:

2 łyżki sosu sojowego tamari

1 łyżka miodu

1 ząbek czosnku

kawałek korzenia imbiru wielkości kciuka, drobno posiekany

2 łyżki octu ryżowego

2 łyżki oleju sezamowego

2 łyżki oliwy

Jeśli przygotowujesz kurczaka teraz, ułóż piersi w rondlu ciasno obok siebie i zalej wodą tak, by sięgała 2 centymetry powyżej mięsa. Dodaj warzywa i zioła. Zagotuj, zmniejsz ogień i duś przez 20–25 minut. W czasie gotowania zdejmuj z powierzchni szumowiny. Wyjmij mięso z garnka i odstaw do ostygnięcia, a następnie poszarp na paski. Zachowaj bulion, by wykorzystać go do innego dania.

Marchewki pokrój na cienkie paski za pomocą obieraczki do warzyw lub zetrzyj je na tarce o grubych oczkach i wrzuć do dużej miski. Usuń zewnętrzne liście i głąb kapusty i poszatkuj ją jak najdrobniej. Dodaj do marchewki, a potem dorzuć ugotowanego kurczaka i mango. Wszystkie składniki dressingu dokładnie wymieszaj w misce i polej nim sałatkę. Wymieszaj. Podawaj ze świeżymi liśćmi kolendry i odrobiną soku z limonki.

Wskazówka: Jeśli zabierasz sałatkę do pracy, dressing przelej do małego zakręcanego słoiczka, by polać nim sałatkę w porze posiłku.

KREWETKI I WODOROSTY W SOSIE POMIDOROWYM Z CUKINIĄ

(4 PORCJE)

Witaj we wspaniałym świecie wodorostów. Nori jest bogate w kwasy omega-3 i błonnik, a do tego nie wymaga żadnej obróbki. Świetnie komponuje się z krewetkami.

3 łyżki oliwy

1 drobno posiekana średnia cebula

2 posiekane ząbki czosnku

60 g solonych anchois w oleju, posiekanych

1 łyżeczka suszonego tymianku (może być też świeży)

krojone pomidory z puszki (2 × 400 g)

300 g rozmrożonych krewetek

10 g arkuszy nori do sushi pokrojonych na 1-centymetrowe kwadraty

4 duże cukinie pocięte spiralizerem (jeśli nie masz spiralizera, użyj gotowego spaghetti z cukinii)

Rozgrzej 2 łyżki oliwy i na wolnym ogniu podsmaż cebulę i czosnek. Po 5–7 minutach dodaj anchois i tymianek. Wymieszaj, by ze składników na patelni powstała pasta. Następnie dodaj pomidory z puszki i duś na wolnym ogniu przez kolejne 10 minut. Dodaj krewetki i gotuj przez kolejne 5 minut.

Zagotuj wodę, żeby móc szybko podgotować makaron z cukinii, gdy sos będzie gotowy (zajmie to tylko 1–2 minuty, jeśli będziesz gotować na parze, albo 1 minutę, jeśli wrzucisz makaron do wody). Ważne, by był *al dente*, a nie rozgotowany! Odcedź go dokładnie i skrop pozostałą oliwą. Do sosu dodaj pokrojone nori i polej nim makaron cukiniowy.

WARZYWNE KOTLETY

(4 PORCJE)

Warzywa strączkowe, na przykład cieciorka i biała fasola, to ważny składnik diety śródziemnomorskiej. Tutaj możesz ich zasmakować w postaci pysznego warzywnego burgera, który jest pełen błonnika i innych skarbów.

1 drobno posiekana cebula
2 łyżki oliwy extra virgin
2 starte marchewki
1 łyżeczka mielonej kolendry
1 łyżeczka curry w proszku
1 łyżeczka nasion kminu rzymskiego
1 puszka (400 g) cieciorki lub białej fasoli (odcedź przed użyciem)
1 roztrzepane jajko (lub 3 łyżki mleczka kokosowego)
garść posiekanych świeżych liści kolendry
sok i skórka z 1 niewoskowanej limonki
1 czubata łyżka mieszanki nasion (np. słonecznika, sezamu i dyni)
pełnoziarnista bezglutenowa mąka (np. gryczana) do posypania rąk

Rozgrzej 1 łyżkę oliwy i na wolnym ogniu podsmaż cebulę i marchewki. Po 5–7 minutach dodaj mieloną kolendrę, curry i kmin rzymski. Smaż na wolnym ogniu przez kilka kolejnych minut. W robocie kuchennym lub przy użyciu ręcznego blendera rozdrobnij mieszankę cebulową razem z cieciorką (lub białą fasolą). Niech składniki dobrze się połączą, ale powstała masa nie powinna być całkiem gładka.

Dodaj świeżą kolendrę, sok z limonki, startą skórkę i nasiona. Obficie dopraw solą i pieprzem. Obsyp dłonie mąką, by masa się do nich nie lepiła, i uformuj 8 średnich kotletów. Jeśli masz czas, wstaw je do lodówki na mniej więcej 20 minut, by stężały.

W porze posiłku rozgrzej pozostałą oliwę na patelni i smaż kotlety przez 10–12 minut na złotobrązowy kolor, od czasu do czasu je przewracając.

Smakują wspaniale na przykład z sałatką z mieszanki sałat, kolendry, ogórka w plasterkach i awokado z cytrynowym winegretem (zob. strona 208).

KOTLETY Z ŁOSOSIEM I POMIDORAMI

(4 PORCJE)

6 pomidorków cherry lub suszonych pomidorów

½ posiekanej czerwonej papryczki chili bez nasion

4 centymetry posiekanego korzenia imbiru

pęczek świeżej kolendry

2 łyżeczki opłukanych kaparów

sok i skórka z 1 niewoskowanej cytryny

4 organiczne filety łososia bez skóry

1 łyżka pełnoziarnistej bezglutenowej mąki (np. gryczanej) oraz szczypta do posypania rąk

2 łyżki oliwy extra virgin

Na najniższych obrotach blendera lub robota kuchennego rozdrobnij na grudkowatą pastę pomidory z papryczką, imbirem, kolendrą, kaparami, skórką z cytryny i połową soku z cytryny.

Łososia pokrój w kostkę i dodaj do mieszanki. Znów bardzo krótko blenduj, uważając, by łosoś nie zrobił się papkowaty. Dodaj 1 łyżkę mąki, by masa była bardziej zwarta. Obsyp dłonie mąką, by masa się do nich nie lepiła, i uformuj 8 średnich kotletów. Ułóż je na talerzu, przykryj folią i wstaw do lodówki na 20 minut.

Na dużej płaskiej patelni rozgrzej oliwę. Obsmaż kotlety na brązowo z obu stron, potem zmniejsz ogień i smaż je na małym ogniu przez 8–10 minut lub do momentu, gdy będą usmażone w środku.

Warto podać je z zieloną sałatką i kilkoma łyżkami ugotowanej komosy ryżowej.

KASZMIRSKIE CURRY Z KURCZAKA

(4 PORCJE)

Ciemne mięso z udek kurczaka zawiera więcej witamin A i D (niezbędnych dla zdrowia jelit i wzmacniających odporność) niż jaśniejsze mięso.

1 łyżka oleju kokosowego
450 g mięsa z udek kurczaka bez kości i skóry
1 duża cebula pokrojona w plastry
2 drobno posiekane ząbki czosnku
1 zielona papryczka chili pokrojona w cienkie plasterki
2 centymetry obranego i startego korzenia imbiru
1 łyżeczka mielonej kolendry lub 6–7 strączków z nasionami
1 łyżeczka mielonego kardamonu
1 łyżeczka mielonej kurkumy
100 g migdałów w płatkach
100 ml bulionu z kurczaka lub z kostki rosołowej
250 ml pełnotłustego jogurtu greckiego
pęczek posiekanej świeżej kolendry
sól morska i pieprz do smaku

W dużym rondlu rozgrzej olej i obsmaż na brązowo kawałki kurczaka. Przełóż je na talerz i odstaw. W tym samym rondlu podsmaż cebulę, czosnek, papryczkę chili i imbir. Rób to przez 5–7 minut lub do momentu, aż zaczną mięknąć. Dodaj przyprawy i smaż przez kolejne 5 minut, a potem dorzuć migdały i kurczaka. Dolej bulion i jogurt, dokładnie wymieszaj. Przypraw do smaku solą i pieprzem.

Przykryj rondel pokrywką i duś przez 40 minut na wolnym ogniu, co jakiś czas mieszając i w razie potrzeby dolewając wody. Możesz też upiec curry w naczyniu żaroodpornym w piekarniku rozgrzanym do 150°C. Przed podaniem wymieszaj z kolendrą.

To curry dobrze komponuje się z ryżem basmati lub „ryżem" kalafiorowym (zob. strona 229) oraz zielonymi warzywami gotowanymi na parze.

RYBA PO GOAŃSKU Z WODOROSTAMI

(4 PORCJE)

To aromatyczne curry jest pełne zdrowych składników odżywczych, co zawdzięcza między innymi wodorostom. Dorsz zawiera mnóstwo selenu, jodu i choliny, a kurkuma, czosnek i imbir mają właściwości przeciwbakteryjne – w Indiach stosuje się je od stuleci, by zmniejszyć ryzyko infekcji jelitowych.

2 łyżki oleju kokosowego
1 łyżeczka nasion gorczycy
2 łyżeczki mielonej kolendry
1 łyżeczka mielonego kuminu
½ łyżeczki kurkumy
½ łyżeczki przyprawy garam masala
1 grubo pokrojona średnia cebula
2 centymetry grubo pokrojonego korzenia imbiru
6 grubo posiekanych ząbków czosnku
1 łagodna lub średnio ostra czerwona papryczka chili bez nasion, pokrojona

1 łyżka żywego (niepasteryzowanego) octu jabłkowego

400 ml pełnotłustego mleczka kokosowego z puszki

1 duży pomidor pokrojony w drobną kostkę

500 g twardej białej ryby (np. dorsza, rdzawca, łupacza lub morszczuka) pokrojonego w duże kawałki

garść świeżej kolendry

8–10 g arkuszy nori do sushi

W wersji wegetariańskiej zamiast ryby:

250 g dyni piżmowej ugotowanej i pokrojonej na kawałki

250 g odcedzonej cieciorki z puszki

W dużym rondlu rozgrzej olej kokosowy i smaż przyprawy przez 1–2 minuty. Zblenduj cebulę, imbir, czosnek i chili razem z octem jabłkowym na gładką pastę. Przełóż ją do rondla z przyprawami, smaż przez 2 minuty, aż zobaczysz, że olej się oddziela. Następnie dodaj mleczko kokosowe i pomidora. Zagotuj.

Dorzuć rybę i duś na wolnym ogniu, aż ryba się ugotuje (około 10–12 minut). Jeśli przygotowujesz wersję wegetariańską, dorzuć dynię i cieciorkę, a następnie delikatnie podgrzewaj je przez kilka minut. Odetnij 3-centymetrowy pasek z opakowania nori, pokrój go na 0,5-centymetrowe kawałki i dodaj do curry.

By smak wodorostów był wyrazistszy, dodaj kolejny pasek o szerokości 2–3 cm. Skosztuj dania – być może po dodaniu wodorostów będzie wystarczająco słone.

Na koniec dodaj świeżą kolendrę. Kilka listków zostaw do dekoracji.

Podawaj z „ryżem" kalafiorowym (zob. strona 229) lub kilkoma łyżkami brązowego ryżu basmati i zielonymi warzywami.

PALUSZKI Z KURCZAKA

(4 PORCJE)

Na pewno ucieszysz się na wieść, że to danie wcale nie przypomina żałosnych nuggetsów sprzedawanych w fast foodach. Brązowe mięso z udek kurczaka jest bardziej soczyste i ma mocniejszy smak niż to z piersi. Zawiera też więcej składników odżywczych.

pokrojone mięso z 4 udek kurczaka
1 łyżeczka suszonego oregano
1 łyżeczka suszonego czosnku
1 łyżeczka suszonej cebuli
½ łyżeczki soli morskiej
100 g mielonych migdałów
1 roztrzepane jajko
2 łyżki oliwy (lub oleju kokosowego)

Pokrój kurczaka na paski grubości 2 centymetrów. Pozostałe składniki z wyjątkiem oliwy i jajka umieść w misce i dokładnie wymieszaj. Zanurzaj kawałki kurczaka w jajku i panieruj je równomiernie w mieszance przypraw.

W dużym rondlu rozgrzej olej i smaż kawałki kurczaka, od czasu do czasu je przewracając, aż będą złote i usmażone w środku. Podawaj z domowym hummusem, awokado w plastrach i dużą porcją zielonej sałatki.

ŁOSOŚ Z HARISSĄ I BURAKIEM

(2 PORCJE)

Burak i łosoś zaskakująco dobrze się komponują. Przyprawę zatar i harissę – paprykową pastę – znajdziesz w supermarketach lub sklepach internetowych.

2 organiczne filety z łososia

1 łyżka przyprawy zatar

200–250 g buraków

2 średnie bataty

1 bulwa kopru włoskiego

1 łyżeczka mielonego kminu rzymskiego

4 łyżki oliwy

1 marchewka

sok z 1 limonki

2 łyżki harissy

1 łyżka uprażonych płatków migdałowych lub posiekanych migdałów

Rozgrzej piekarnik do 170°C. Natrzyj łososia zatarem, szczyptą soli i odrobiną czarnego pieprzu. Odstaw.

Obierz buraka, przekrój go na pół lub na cztery części, jeśli jest duży, a potem na półcentymetrowe plastry. Obierz bataty, pokrój je wzdłuż na cztery części, a następnie w 2-centymetrową kostkę. Obierz i poćwiartuj koper włoski. Włóż do dużego naczynia do pieczenia razem z burakiem i batatem. Posyp kminem rzymskim, przypraw solą i pieprzem, skrop 1 łyżką oliwy. Ułóż naczynie na środkowej półce piekarnika i piecz przez 25 minut lub do czasu, aż wszystko zmięknie. Przemieszaj raz lub dwa.

Po wstawieniu warzyw do piekarnika zetrzyj marchewkę i wymieszaj ją z połową soku z limonki. W osobnej misce wymieszaj razem

2 łyżki oliwy, harissę, resztę soku z limonki i szczyptę soli. Kiedy warzywa będą gotowe, wyjmij je z piekarnika, polej dressingiem, dodaj startą marchewkę i wszystko wymieszaj. Na patelni rozgrzej pozostały olej i przez 3 minuty smaż na średnim ogniu filety łososia skórą do dołu. Następnie je odwróć i obsmaż z trzech pozostałych stron – po minucie z każdej strony.

Podawaj łososia na pieczonych warzywach, posypanego migdałami.

MAKRELA LUB DORSZ W ZIELONYM SOSIE

(2 PORCJE)

Tłusta makrela – bogate źródło kwasów omega-3 oraz witamin B12 i D – świetnie równoważy ten intensywny sos. To jedna z ulubionych ryb Michaela.

2 filety z makreli lub dorsza

zielony winegret (zob. strona 208)

Rozgrzej piekarnik do 180°C. Ułóż rybę w naczyniu do pieczenia wyłożonym pergaminem, posmaruj ją łyżką winegretu i piecz przez 20 minut.

Podawaj z kolejną porcją winegretu, pieczonymi warzywami i sezonową zieleniną.

KOTLETY Z INDYKA

(4 PORCJE – 2 SZTUKI NA OSOBĘ)

Indyk to źródło wartościowego białka, które nasyci cię na długi czas. Mrożony szpinak ma te same wartości odżywcze co świeży.

1 posiekana cebula
2 zmiażdżone ząbki czosnku
2 łyżeczki suszonego oregano
8 dużych listków bazylii
3 garści szpinaku baby (lub 2 kostki rozmrożonego szpinaku)
skórka z 1 niewoskowanej cytryny
½ łyżeczki soli morskiej
świeżo zmielony czarny pieprz
3 łyżki oliwy extra virgin
400 g mielonego indyka

W robocie kuchennym zblenduj cebulę, czosnek, oregano, bazylię, szpinak, skórkę z cytryny, sól i pieprz z 1 łyżką oliwy. Mieszanka powinna pozostać nieco grudkowata. Przełóż ją do dużej miski i dłońmi lub silikonową łopatką wymieszaj z indykiem. Uformuj 8 kotletów i wstaw je do lodówki na co najmniej 20 minut, by stężały. Na płycie grillowej lub patelni rozgrzej pozostały olej i smaż kotlety na średnim ogniu, aż zbrązowieją – mniej więcej po 5 minut z każdej strony. Podawaj z sałatką, hummusem i grillowaną cukinią.

GULASZ WOŁOWY

(4 PORCJE)

Podobnie jak inne rodzaje czerwonego mięsa wołowina ma mnóstwo żelaza, na którego niedobór cierpi wiele osób, zwłaszcza kobiet. To wartościowe białko zawierające wszystkie 8 niezbędnych aminokwasów. Jeśli możesz, kupuj dobrej jakości wołowinę pochodzącą ze zwierząt karmionych trawą.

4 łyżki oliwy

1 duża biała cebula, posiekana

2 duże marchewki pokrojone w słupki

1 duża zielona papryka bez nasion, pokrojona w plastry

3 zmiażdżone ząbki czosnku

500 g wołowiny na gulasz pokrojonej w kostkę

1 łyżka papryki ostrej

3 łyżki purée z pomidorów

3 listki laurowe

400 ml bulionu na kości kojącego jelita (zob. strona 194) lub organicznego bulionu wołowego

400 ml krojonych pomidorów z puszki

1 łyżka żywego (niepasteryzowanego) octu jabłkowego

Rozgrzej piekarnik do 160°C. W dużej brytfannie z dopasowaną pokrywką rozgrzej 2 łyżki oliwy i smaż cebulę na małym ogniu przez 5–7 minut. Dodaj marchewki, zieloną paprykę i czosnek, smaż jeszcze przez kilka minut.

Do innego garnka wlej 2 łyżki oliwy, rozgrzej na dużym ogniu i obsmaż mięso ze wszystkich stron. Przypraw i dodaj do warzyw w brytfannie razem z ostrą papryką, purée z pomidorów i listkami laurowymi. Wlej bulion do garnka po obsmażaniu mięsa i chwilę mieszaj, by soki z mięsa połączyły się z resztą płynu. Potem przelej do brytfanny razem z pomidorami i octem. Zagotuj gulasz, przykryj i włóż na środkowy poziom piekarnika na 2½–3 godziny. Zaglądaj do niego co jakiś czas, by go przemieszać i dolać wody, jeśli wysycha.

Podawaj sam z kapką pełnotłustego organicznego jogurtu greckiego lub jego roślinnym odpowiednikiem albo z dużą porcją zielonych warzyw i odgrzewanymi młodymi ziemniakami (zawierają one skrobię oporną).

KARAIBSKIE CURRY Z KOKOSA I WARZYW

(6 PORCJI)

To kolorowe i sycące wegetariańskie danie to istna eksplozja smaków. Wydaje się, że składników jest dużo, ale łatwo je przygotować, a potem tylko wkłada się wszystko do piekarnika. Czarny pieprz zwiększa przyswajalność kurkumy.

4 łyżki oleju kokosowego
1 duża cebula pokrojona w kostkę
po 1 łyżeczce mielonej kolendry, kminu rzymskiego i kurkumy
½ łyżeczki mielonego cynamonu lub 1 laska cynamonu
2 posiekane ząbki czosnku
4–5 centymetry drobno posiekanego korzenia imbiru
1 drobno posiekana papryczka chili bez nasion
400 ml pełnotłustego mleczka kokosowego z puszki
150 ml bulionu warzywnego
2 limonki – jedna do wyciśnięcia, a druga pokrojona w ósemki
4–5 dużych daktyli bez pestek, pokrojonych (lub 2 łyżeczki syropu klonowego)

400 g dyni piżmowej bez pestek, pokrojonej w 2–3-centymetrowe kawałki

2 czerwone papryki bez pestek, pokrojone w paski

400 g fasoli „czarne oczko" z puszki, odcedzonej i opłukanej (opcjonalnie)

250 g pomidorków cherry

200 g pokrojonego jarmużu bez grubych łodyg

pęczek posiekanej świeżej kolendry

120 g orzechów nerkowca

Rozgrzej piekarnik do 180°C. W dużej brytfannie z dopasowaną pokrywą rozgrzej olej kokosowy i smaż cebulę na średnim ogniu przez 5–7 minut lub do czasu, aż nabierze złotego koloru. Następnie dodaj kolendrę, kmin rzymski, kurkumę i cynamon, a potem czosnek, imbir i papryczkę chili. Smaż przez 2–3 minuty. Wlej mleczko kokosowe, bulion i sok z limonki, dodaj daktyle, dynię, czerwoną paprykę, fasolę i pomidory. Przykryj naczynie i włóż do piekarnika.

Po mniej więcej 20–25 minutach wyjmij z piekarnika i dodaj jarmuż. Włóż z powrotem na kolejnych kilka minut, by jarmuż się ugotował. Przypraw solą i dużą ilością świeżo zmielonego czarnego pieprzu. Dodaj trochę kolendry, a resztą posyp danie po wierzchu. Posyp też orzechami nerkowca i podawaj z kawałkami limonki.

Wskazówka: By wzbogacić smak, kupuj całe nasiona przypraw i rozgniataj je w moździerzu przed gotowaniem. By było wygodniej, możesz kupić dynię pokrojoną w kostkę. Jeśli unikasz roślin strączkowych, pomiń fasolę.

GULASZ Z JAGNIĘCINY I BATATÓW

(5–6 PORCJI)

Jagnięcina to soczyste mięso ze zwierząt hodowanych na wolnym powietrzu, które świetnie nadaje się na gulasz. Potrawy gotowane powoli są zwykle łatwiej strawne.

- 800 g pokrojonej w kostkę jagnięciny na gulasz
- po ½ łyżeczki cynamonu, gałki muszkatołowej, mielonych goździków i imbiru (lub 2 łyżeczki przyprawy do piernika)
- 3 łyżki oliwy
- 2 duże czerwone cebule pokrojone w plasterki
- 4 plastry boczku pokrojone w paski
- 3 listki laurowe
- 500 ml bulionu na kości kojącego jelita (zob. strona 194) lub organicznego bulionu wołowego
- 6 łodyg selera pokrojonych na 1–2-centymetrowe kawałki
- 4 średnie bataty pokrojone w kostkę

Rozgrzej piekarnik do 160°C. Do miski wrzuć pokrojoną w kostkę jagnięcinę i wymieszaj z przyprawami. Odstaw do zamarynowania na co najmniej kilka godzin, a najlepiej na całą noc.

W dużej brytfannie z dopasowaną pokrywą rozgrzej oliwę i smaż cebulę na średnim ogniu przez 5–7 minut lub do czasu, aż nabierze złotego koloru. Na nieprzywierającej patelni obsmaż mięso, potem wrzuć je do brytfanny, przelewając też soki, które wyciekły.

Dodaj boczek, listki laurowe i bulion. Zagotuj, a potem wstaw do piekarnika na 2–3 godziny. Zaglądaj do niego co jakiś czas, by go przemieszać i dolać wody, jeśli wysycha.

W połowie czasu gotowania dodaj seler i bataty. Podawaj z gotowaną komosą ryżową i pobudzającą wydzielanie enzymów zieloną sałatką (zob. strona 190).

GRZYBY Z ORZECHAMI NERKOWCA

(2 PORCJE)

Grzyby to niedoceniany składnik. Zawierają dużo błonnika, witamin z grupy B, selenu i miedzi, mają też bardzo niewiele kalorii. Jeśli wystawisz je na kilka godzin na słońce, zwiększysz ilość zawartej w nich witaminy D.

1 łyżka oleju kokosowego lub masła

1 duża cebula pokrojona w kostkę

1 zmiażdżony duży ząbek czosnku

250 g pieczarek lub mieszanki grzybów egzotycznych pokrojonych w plastry

po ½ łyżeczki płatków chili, suszonego tymianku, różowego pieprzu i czerwonej papryki

30–40 g orzechów nerkowca

½ grzybowej kostki rosołowej (lub 1 warzywna kostka rosołowa)

160 ml śmietanki kokosowej z puszki

sok z ½ cytryny

mały pęczek posiekanej świeżej pietruszki

W średnim rondlu rozgrzej olej kokosowy i na małym ogniu smaż cebulę przez 5–7 minut. Dodaj czosnek, grzyby, płatki chili, tymianek, różowy pieprz i ostrą paprykę.

Dorzuć orzechy nerkowca i smaż na średnim ogniu jeszcze przez kilka minut. Dodaj pokruszoną kostkę rosołową, następnie śmietankę kokosową i sok z cytryny. Wymieszaj. Przypraw solą i dużą ilością świeżo zmielonego czarnego pieprzu. Duś jeszcze przez kilka minut, aż wszystko połączy się w pyszny, aromatyczny gulasz.

Podawaj z pokrojoną w paski kapustą pastewną lub makaronem cukiniowym. Jeśli jesteś głodny, dodaj 1–2 łyżki ugotowanego brązowego ryżu basmati na osobę. Najlepiej ugotować ryż, chłodzić go przez 12 godzin, a potem odgrzać, by zwiększyć ilość skrobi opornej.

PIECZONY TĘCZOWY RATATOUILLE

(4 PORCJE)

Ten kolorowy ratatouille jest pełen najróżniejszych fitoskładników.

4 buraki
4 bataty
3 czerwone cebule
2 cukinie
1 bulwa kopru włoskiego
1 mała dynia (lub ½ dyni piżmowej) bez pestek, pokrojona w ćwiartki
2 żółte papryki
250 ml sosu pomidorowego (przepis poniżej)
1 łyżeczka wędzonej soli morskiej
świeżo zmielony czarny pieprz
2 łyżki oliwy

Składniki na sos pomidorowy:

2 łyżki oliwy
1 średnia cebula pokrojona w plastry
2 posiekane ząbki czosnku

posiekane listki z pęczka świeżej bazylii

1 łyżka posiekanego świeżego oregano (lub 1 łyżeczka suszonego)

6 posiekanych średnich świeżych pomidorów

400 g krojonych organicznych pomidorów z puszki

1 łyżka octu balsamicznego

By przygotować sos pomidorowy, umieść rondel na średnim ogniu, wlej oliwę i podsmażaj cebulę przez 6–7 minut, aż będzie miękka i złota. Dodaj czosnek, bazylię i oregano, a następnie pomidory – świeże i z puszki – oraz ocet. Dopraw sos szczyptą soli i pieprzu, duś przez 15–20 minut. Zblenduj i odstaw (przechowuj w lodówce do 5 dni).

Rozgrzej piekarnik do 190°C. Do dużego naczynia żaroodpornego wlej sporo domowego sosu pomidorowego (do tego przepisu potrzeba mniej więcej połowy powyższej porcji). Wszystkie warzywa z wyjątkiem cukinii i papryki pokrój na 1-centymetrowe plastry. Cukinię i paprykę pokrój grubiej – na około 2-centymetrowe plastry. Zaczynając od zewnętrznego brzegu naczynia, układaj warzywa kolorami: plastry buraka, potem batatów, cukinii i tak dalej, aż naczynie się wypełni. Przypraw solą i pieprzem, skrop oliwą. Piecz przez 30–40 minut.

To danie dobrze smakuje z ugotowanym na parze jarmużem lub dużą zieloną sałatką z awokado oraz zielonym winegretem (zob. strona 208).

„RYŻ" KALAFIOROWY

(2 PORCJE)

To alternatywa dla ryżu zawierająca mniej węglowodanów i dużo więcej składników odżywczych. Dzięki temu dodatkowi łatwiej będzie ci włączyć do diety kalafiora.

½ kalafiora

30 g orzeszków piniowych

½ łyżeczki soli morskiej

mielony czarny pieprz

sok z ½ cytryny

2 łyżeczki tahini

½ łyżeczki nasion kminu rzymskiego

½ łyżeczki mielonej kurkumy

½ łyżki oliwy

Rozgrzej piekarnik do 200°C. Zetrzyj kalafiora albo pokrój go na różyczki i rozdrobnij w robocie kuchennym, tak by przypominał ziarna. Wymieszaj w misce z pozostałymi składnikami i na blasze do pieczenia równomiernie rozprowadź cienką warstwę powstałej mieszanki. Po 5–6 minutach odwróć na drugą stronę, a potem piecz przez kolejne 5–6 minut. To wysusza „ryż", nadając mu atrakcyjniejszej konsystencji.

KISZONA CZERWONA KAPUSTA

(WYSTARCZA NA JEDEN SŁOIK O POJEMNOŚCI 500 ML)

Kiszona kapusta to jedna z najłatwiejszych do zrobienia fermentowanych potraw. Jest pełna bakterii probiotycznych.

200 g startego buraka (jeśli nie lubisz buraka, wykorzystaj marchewkę)

300 g bardzo drobno poszatkowanej czerwonej kapusty

½ małego jabłka, obranego, bez gniazda nasiennego, pokrojonego w drobną kostkę

½ łyżeczki nasion kminku

1 łyżeczka nasion kopru

1 łyżeczka nasion kolendry

2 łyżeczki soli morskiej

Przed przygotowaniem warzyw włóż gumowe rękawice, by nie poplamić dłoni. Włóż buraka lub marchewkę do dużej miski razem z kapustą i jabłkiem. Dodaj przyprawy i sól i wcieraj je dokładnie w warzywa, aż zaczną puszczać soki. Następnie mocno dociskaj warzywa dłońmi albo zaokrąglonym przedmiotem, na przykład tłuczkiem lub końcówką wałka.

Włóż mieszankę do odkażonego szklanego słoika wekowego o objętości 500 ml. Zostaw około 2 centymetry przestrzeni u góry, by mieszanka mogła buzować – pamiętaj, że ona żyje!

Trzeba mocno docisnąć warzywa, by były całkowicie zanurzone w sokach. Możesz włożyć jakieś obciążenie, by pozostały na dole (sprawdzi się odkażony we wrzątku kamyk albo kawałek głąba kapusty).

Zostaw kapustę w temperaturze pokojowej na maksymalnie 3 tygodnie, a co najmniej na 3 dni. Im dłuższy czas fermentacji, tym kwaśniejszy i wyrazistszy będzie smak.

Regularnie sprawdzaj smak warzyw. Przez pierwsze 2–3 dni codziennie otwieraj słoik, by uwolnić z niego dwutlenek węgla. Zadbaj też, by warzywa przez cały czas były całkowicie zanurzone w sokach. Regularnie kontroluj fermentację i w razie potrzeby spychaj zawartość poniżej powierzchni płynu. Jeśli zauważysz, że mieszanka wysycha, wymieszaj ½ łyżeczki soli ze 100 ml filtrowanej wody i dolej do słoika.

Nie przejmuj się, jeśli na powierzchni powstaną grzyby. Możesz je usunąć. Przed podaniem usuń wierzchnią warstwę warzyw, jeśli straciła kolor. Kapustę przechowuj w lodówce przez kilka miesięcy.

Wskazówka: Ważne, by stosować filtrowaną wodę, bo będzie w niej znacznie mniej chloru – chlor zabija bakterie niezbędne do fermentacji.

Słodkości

BROWNIE CZEKOLADOWE Z BAKŁAŻANEM
(PRZEPIS NA 12 MAŁYCH KAWAŁKÓW)

Może zabrzmi to dziwnie, ale bakłażan świetnie pasuje do ciemnej, bogatej we flawonoidy czekolady. To naprawdę pyszna kompozycja.

1 średni bakłażan (200 g), obrany i pokrojony w kostkę

150 g ciemnej czekolady (co najmniej 70% zawartości kakao) połamanej na kostki

60 g oleju kokosowego

60 g miękkich daktyli bez pestek pokrojonych w kostkę

½ łyżeczki soli

3 roztrzepane jajka

1 łyżeczka proszku do pieczenia

80 g mielonych migdałów

Rozgrzej piekarnik do 170°C. Bakłażan gotuj na parze przez 15 minut, aż będzie miękki (lub podgrzewaj go w mikrofalówce nieco krócej). Włóż do średniej miski, dodaj czekoladę i olej. Ciepły bakłażan sprawi, że czekolada i olej się roztopią. Dodaj pokrojone daktyle i sól. W robocie kuchennym lub przy użyciu ręcznego blendera zmiksuj składniki na gładką masę. Mieszanka powinna być już na tyle chłodna, by dodać jaja i proszek do pieczenia. Blenduj mniej więcej przez minutę, a potem dodaj mielone migdały. Rozprowadź masę po średniej blasze do pieczenia wyłożonej pergaminem. Piecz około 20 minut. Ciasto będzie gotowe, gdy wbity w nie nóż będzie czysty.

Podawaj brownie z dżemem z malin i nasion chia (zob. strona 187) i/lub pełnotłustym organicznym jogurtem greckim z żywymi kulturami bakterii.

Wskazówka: Aby przygotować muffinki, przełóż mieszankę do formy na 12 babeczek wyłożonej papilotkami i piecz przez 15–20 minut.

SZYBKIE PIECZONE JABŁKO W PLASTERKACH

(2 PORCJE)

Szybki i pożywny deser na co dzień, którego przygotowanie zajmuje kilka minut. Piecze się przez 20 minut, więc możesz go wstawić do piekarnika, zanim zasiądziesz do obiadu.

- 1 łyżka roztopionego oleju kokosowego oraz odrobina do smarowania
- 3 duże słodkie jabłka
- 1 czubata łyżeczka mielonego cynamonu
- 2 łyżki pistacji

Rozgrzej piekarnik do 170°C. Dno naczynia żaroodpornego posmaruj cienką warstwą oleju kokosowego. Pozbawione gniazd nasiennych jabłka pokrój na ćwiartki, a każdą ćwiartkę na 2–3 plasterki. Nie obieraj jabłek ze skórki. Ułóż plasterki w naczyniu, tak by nieco na siebie nachodziły, skrop olejem kokosowym i posyp cynamonem.

Piecz jabłka przez 10 minut, potem posyp pistacjami i piecz przez kolejne 5–10 minut. Będą gotowe, gdy zaczną brązowieć przy brzegach. Podawaj same lub z kleksem pełnotłustego organicznego jogurtu greckiego z żywymi kulturami bakterii.

FAZA 1. WYKLUCZANIE I NAPRAWA – PLANOWANIE JADŁOSPISU

W tej fazie rezygnujemy z glutenu i nabiału, jemy bardzo mało ziaren i roślin strączkowych (z wyjątkiem hummusu) i co najwyżej dwie porcje owoców dziennie. Skupimy się głównie na roślinach – niech będą różnorodne i kolorowe. Unikaj przekąsek między posiłkami i postaraj się pościć przez noc co najmniej 12 godzin.

	Śniadanie
NIEDZIELA	jajecznica z 2 jaj ze szpinakiem i pomidorami; kromka zielonego chlebka z nasion lnu posmarowana olejem kokosowym
PONIEDZIAŁEK	*smoothie Tanyi na zespół cieknącego jelita*
WTOREK	*orzechowa cynamonowa granola z mlekiem roślinnym** i garścią owoców jagodowych
ŚRODA	*dyniowa miska śniadaniowa* z garścią borówek
CZWARTEK	2 kromki *chlebka śniadaniowego z kolorowym hummusem,* wędzonym łososiem i płatkami chili
PIĄTEK	*pudding z nasion chia* z 1 łyżką borówek i 1 łyżką mielonych migdałów
SOBOTA	*zielone smoothie na zdrowie jelit* z 1 kromką *chlebka śniadaniowego* i 1 łyżką masła z migdałów lub orzechów nerkowca

* Mleko roślinne – domowe z przepisu na stronie 183 albo kupione w sklepie mleko kokosowe (z kartonu, nie z puszki), migdałowe, konopne lub orzechowe (przyp. aut.).

Lunch	**Kolacja**
pobudzająca wydzielanie enzymów zielona sałatka, a potem *zupa z marchewki i kurkumy* z *krakersami z nasion lnu, nasion chia i czerwonej papryki* z *kolorowym hummusem*	*kotlety z indyka* z kawałkami batatów, sałatką z zielonych warzyw liściastych i *przeciwzapalnym dressingiem z kurkumy*
reszta *kotletów z indyka* z poprzedniego dnia z *sałatką z marchewki i buraka*	*grzyby z orzechami nerkowca* z ugotowanymi na parze brokułami i jarmużem oraz płatkami chili
pobudzająca wydzielanie enzymów zielona sałatka, a potem *zupa z kurczakiem „Szczęśliwe Jelita"*	*kotlety z łososiem i pomidorami* z brokułami i *dressingiem z hummusu*
sałatka z fitoskładnikami i *krakersy z nasion lnu, nasion chia i czerwonej papryki*	*kaszmirskie curry z kurczaka z „ryżem" kalafiorowym*
pobudzająca wydzielanie enzymów zielona sałatka, a potem *krewetki i wodorosty w sosie pomidorowym z cukinią*	*pieczony tęczowy ratatouille* z sałatką z zielonych warzyw liściastych i *cytrynowym winegretem*
pobudzająca wydzielanie enzymów zielona sałatka, a potem pozostały z poprzedniego dnia *tęczowy ratatouille* z *tęczowym hummusem* i 1 kromką *zielonego chlebka z nasion lnu*	*dorsz w zielonym sosie* z gotowanym na parze zielonym groszkiem i młodymi ziemniakami
sałatka z fitoskładnikami i *krakersy z nasion lnu, nasion chia i czerwonej papryki*	*pobudzająca wydzielanie enzymów zielona sałatka*, a potem *gulasz wołowy* z podgotowanymi zielonymi warzywami lub jarmużem

FAZA 2. PONOWNE WPROWADZANIE – PLANOWANIE JADŁOSPISU

Włącz do diety więcej prebiotyków: szparagów, bananów, topinamburu, pora, cebuli, kapusty chińskiej i roślin strączkowych. Dodaj też probiotyki, między innymi pokarmy fermentowane: kapustę kiszoną, jogurt i kefir.

Zwiększ nieco spożycie ziaren, ale nadal staraj się unikać pszenicy – wybieraj raczej żyto, orkisz lub dobry chleb na fermentowanym zakwasie.

	Śniadanie
NIEDZIELA	*pudding z nasion chia* z 1 łyżką malin i małą szklanką *kefiru*
PONIEDZIAŁEK	*orzechowa cynamonowa granola, domowy jogurt* i garść borówek
WTOREK	2 jajka ugotowane w koszulkach lub jajecznica z 2 jaj, garść umytego szpinaku i 6 pomidorków koktajlowych; kromka opieczonego w tosterze chleba żytniego z masłem
ŚRODA	*kremowy mus śniadaniowy z bananów i orzechów nerkowca'* kromka *chlebka śniadaniowego z dżemem z malin i nasion chia*
CZWARTEK	*smoothie z kiwi i nasion chia,* kromka *chlebka śniadaniowego* z masłem orzechowym i garścią borówek
PIĄTEK	*domowy jogurt* z 2 łyżkami mielonych nasion lnu, łyżką borówek i ½ banana
SOBOTA	2 ugotowane jaja z 4–6 łodygami szparagów ugotowanymi na parze oraz kromką opieczonego w tosterze *zielonego chlebka z nasion lnu* lub chleba na zakwasie

* Warzywa w słupkach – może to być ogórek, papryka, marchewka, szparagi, cukinia, sałata Little Gem, rzodkiewki, ugotowane na parze różyczki brokułu lub kalafiora (przyp. aut.).

Lunch	Kolacja
klasyczna sałatka grecka oraz *krakersy z nasion lnu, nasion chia i czerwonej papryki*	pieczony kurczak i rozmaite pieczone warzywa; *szybkie pieczone jabłko w plasterkach*
azjatycka sałatka z kapusty z kurczakiem (wykorzystaj mięso pozostałe z poprzedniego dnia)	*łosoś z harissą i burakiem* z gotowanymi na parze szparagami i brokułami skropionymi oliwą
pobudzająca wydzielanie enzymów sałatka, a potem *zupa krem z kalafiora i topinamburu* z opieczonym w tosterze *zielonym chlebkiem z nasion lnu*, połówką awokado i odrobiną oliwy	*burgery z indyka* z kolorową sałatką, *cytrynowym winegretem* i łyżką *kiszonej czerwonej kapusty*
lunch z fitoskładnikami oraz *kiszona czerwona kapusta*	*ryba po goańsku z wodorostami* i brązowy ryż basmati
pobudzająca wydzielanie enzymów sałatka, a potem 2 kromki opieczonego w tosterze *zielonego chlebka z nasion lnu* z sardynkami z puszki, pomidorem i rukwią wodną	*warzywne burgery* z kawałkami batatów, sałatką z warzyw w 3–4 kolorach i *przeciwzapalnym dressingiem z kurkumy*
pobudzająca wydzielanie enzymów zielona sałatka, a potem pozostałe z poprzedniego dnia *warzywne burgery* z surowymi warzywami w słupkach* oraz *kolorowym hummusem*	*paluszki z kurczaka* z pastą z orzechów włoskich i czerwonej papryki, brązowym ryżem oraz *sałatką z marchewki i buraka*
sałatka z fitoskładnikami	*gulasz z jagnięciny i batatów* z gotowanymi na parze zielonymi warzywami lub jarmużem

DZIENNIK POKARMÓW I OBJAWÓW

Posiłek	Czas	Napoje i pokarmy – co i ile
Śniadanie		
Przekąska?		
Lunch		
Przekąska?		
Kolacja		
Przekąska?		

Data: ....

Objawy: np. wzdęcia, bóle brzucha, mdłości, wymioty, biegunka, zamglenie umysłu, rozdrażnienie, bóle głowy	Czas i długość objawów	Inne czynniki: m.in. stres, niewyspanie, ćwiczenia, choroba, leki i kuracje

Pokarmy zawierające dużo skrobi opornej

Skrobia oporna nie jest rozkładana w jelicie cienkim. Zamiast powodować skok poziomu cukru we krwi, działa raczej jak błonnik i dociera do jelit w dużym stopniu nietknięta. To wartościowe źródło pożywienia dla dobrych bakterii w jelitach. Dieta bogata w skrobię oporną kojarzona jest ze złagodzeniem stanów zapalnych w jelitach i zmniejszeniem ryzyka cukrzycy typu 2 oraz otyłości.

Chociaż działa podobnie jak błonnik, nie zawsze występuje w tych samych pokarmach co on. Pełnoziarniste płatki śniadaniowe, które zawierają sporo błonnika, nie zawierają skrobi opornej.

Chcę cię ostrzec, że jeśli żywisz się teraz zgodnie z typową zachodnią dietą ubogą w błonnik, to nie powinieneś nagle przytłaczać jelit ogromną dawką skrobi opornej. Jeśli to zrobisz, możesz doznać nieprzyjemnych wzdęć i gazów. Niech to będzie stopniowy proces. Możesz spożywać do 35 gramów skrobi opornej dziennie, ale raczej nie przekraczaj tej granicy. Nasze jadłospisy zawierają pokarmy, w których ten składnik występuje w umiarkowanych ilościach.

Poniżej znajdziesz listę pokarmów zawierających jej dużo – począwszy od tych, w których znajduje się jej najwięcej (podajemy ilość w gramach na 100 gramów pokarmu). Jak się przekonasz, jest ogromna różnica między dojrzałymi i niedojrzałymi bananami.

Zauważysz też coś, co może być dezorientujące: niektóre pokarmy zawierają więcej skrobi opornej po ugotowaniu i wystudzeniu, a inne mniej. Na przykład ziemniaki i ryż mają jej dwukrotnie więcej po ugotowaniu i wystudzeniu. Z kolei owies ma jej całkiem sporo na surowo (11 gramów), ale liczba ta spada prawie do zera (0,3 grama) po ugotowaniu. Czasami jem na śniadanie surowe płatki owsiane z jogurtem i owocami jagodowymi.

Skrobia ziemniaczana zachowuje się trochę inaczej od ziemniaków. Zawiera dużo więcej skrobi opornej na surowo. Po ugotowaniu jej poziom spada prawie do zera. Można ją kupić w sklepach ze zdrową żywnością albo przez internet. Ten biały proszek jest zupełnie pozbawiony smaku i bardzo tani.

Skrobia ziemniaczana to wyjątek na tej liście, bo jest wysoce przetworzona. Zwykle nie zalecam przetworzonej żywności, ale interesuje mnie potencjalny wpływ skrobi ziemniaczanej na bezsenność. Zacząłem zażywać jej łyżeczkę z kefirem, jogurtem lub ½ szklanki mleka przed snem.

Dłuższą listę pokarmów i poziom zawartej w nich skrobi opornej znajdziesz na http://freetheanimal.com/wp-content/uploads/2013/08/Resistant-Starch-in-Foods.pdf.

Poniżej podajemy średnią ilość skrobi opornej – wartości wynikają z różnych badań naukowych. Ponieważ takie badania rozpoczęto niedawno, nie wiemy, co się dzieje ze skrobią w ugotowanych, schłodzonych i odgrzanych ziemniakach i ryżu.

Wysoka zawartość			
skrobia ziemniaczana	**72**	orzechy nerkowca	**13**
niedojrzałe banany	**19**	nieugotowane płatki owsiane	**11**
Średnia zawartość			
ugotowany groszek	**6,7**	hummus	**4,1**
ugotowana soczewica	**6,6**	pieczona fasola	**3,6**
ugotowane i wystudzone ziemniaki	**5,8**	ugotowany banan warzywny	**3,5**
ugotowany i wystudzony brązowy ryż	**5,5**	surowy banan	**3,2**
kasztany	**4,9**	czerwona fasola z puszki	**2,1**
chleb żytni	**4,3**	chleb na zakwasie	**2,1**
orzeszki ziemne	**4,2**		
Niska zawartość			
wafle ryżowe	**0,8**	croissant	**0,4**
pieczone ziemniaki	**0,6**		

Które probiotyki działają i na co

Poniższe informacje pochodzą z serwisu Medline Plus, części US National Library of Medicine. To godne zaufania źródło najnowszych informacji.

Czy probiotyki są bezpieczne?

Tak, jeśli jest się zdrowym. Ale lepiej nie zażywać ich w ciąży, bezpośrednio po operacji ani w przypadku zaburzeń układu odpornościowego.

Dwa najlepiej zbadane szczepy to *Lactobacillus* i *Bifidobacteria*, które można znaleźć w fermentowanych pokarmach takich jak jogurt, kefir i ser. Jednak sytuacja jest bardziej skomplikowana – w ramach każdego ze szczepów występuje wiele różnych gatunków. Fakt, że jeden gatunek bakterii *Lactobacillus* może zapobiegać biegunkom, nie oznacza, że inny też tak zadziała.

Jaka jest ich skuteczność?

W bazie Natural Medicines Comprehensive Database kuracje mogą otrzymać jedną z następujących ocen: skuteczna, prawdopodobnie skuteczna, być może skuteczna, być może nieskuteczna, prawdopodobnie nieskuteczna, nieskuteczna oraz taka, której skuteczność nie została poparta wystarczającymi dowodami, by ją ocenić. Skuteczność żadnego z probiotyków, które można kupić w kapsułkach, nie jest poparta badaniami, które pozwalałyby na umieszczenie go w kategorii „skuteczny", za to wiele z nich mieści się w kategorii „prawdopodobnie nieskuteczny" albo „nieskuteczny".

Poniższa lista zawiera tylko probiotyki „prawdopodobnie" lub „być może skuteczne".

Bifidobacteria

Zaparcia. *Bifidobacterium longum*, czy to w formie kapsułek, czy w fermentowanej żywności może pobudzić organizm do wypróżnień u osób dorosłych z zatwardzeniem. Wydaje się też, że ten szczep zapobiega grypie u osób starszych.

Zespół jelita drażliwego (IBS). Zażywanie Vivomixxu VSL#3, produktu zawierającego *Bifidobacterium*, *Lactobacillus* i *Streptococcus*, może łagodzić wzdęcia u osób z IBS. To ulubiony probiotyk moich ekspertów.

Infekcje płuc. Zażywanie HOWARU Protect, który zawiera *Lactobacillus acidophilus* oraz *Bifidobacterium*, może łagodzić i skracać objawy grypy, kaszel i katar.

Biegunka u dzieci spowodowana rotawirusem. Zażywanie *Bifidobacterium bifidum* najwyraźniej pomaga w zapobieganiu biegunki wywołanej rotawirusem, gdy stosuje się ten szczep z innymi bakteriami, na przykład *Streptococcus thermophilus* czy *Bifidobacterium* BB-12.

Biegunka podróżnych. Zażywanie *Bifidobacterium* może zapobiegać biegunce podróżnych, gdy stosuje się ten szczep z innymi bakteriami, na przykład *Lactobacillus acidophilus* czy *Lactobacillus bulgaricus*.

Lactobacillus

Biegunka u dzieci spowodowana rotawirusem. Szczep ten najprawdopodobniej okaże się skuteczny, jeśli będzie się stosować co najmniej 10 miliardów jednostek tworzących kolonie bakterii (jtk – zob. strona 244) przez pierwsze 48 godzin po rozpoczęciu biegunki.

Katar sienny. Zażywanie co najmniej dwóch miliardów jtk *Lactobacillus paracasei* dziennie przez 5 tygodni może poprawić jakość życia u osób z uczuleniem na pyłki traw.

Zapobieganie biegunce spowodowanej antybiotykami. *Lactobacillus* najwyraźniej zmniejsza ryzyko biegunki spowodowanej antybiotykami. Podawanie dzieciom bakterii *Lactobacillus* GG (produktu Culturelle) razem z antybiotykami to dobry pomysł.

Egzema (w tym atopowe zapalenie skóry). *Lactobacillus* GG może łagodzić objawy egzemy u dzieci uczulonych na krowie mleko. *Lactobacillus sakei*, *Lactobacillus plantarum* oraz połączenie liofilizowanych bakterii *Lactobacillus rhamnosus* i *Lactobacillus reuteri* również najwyraźniej łagodzą objawy egzemy u dzieci poniżej 13. roku życia. Jednak *Lactobacillus paracasei* raczej nie łagodzi egzemy.

Zapobieganie biegunce podczas leczenia raka (chemioterapii). Istnieją dowody na to, że chorzy na raka jelita grubego lub odbytu nie mają aż tak ostrej biegunki i wymagają krótszego pobytu w szpitalu, jeśli zażywają *Lactobacillus rhamnosus* oraz *Lactobacillus* GG (Culturelle).

Zespół jelita drażliwego (IBS). *Lactobacillus acidophilus* może łagodzić objawy IBS, takie jak wzdęcia i bóle brzucha.

Infekcje płuc. Dzieci poniżej szóstego roku życia, które chodzą do przedszkoli, doznają rzadszych i łagodniejszych infekcji płuc, jeśli podaje im się mleko z *Lactobacillus* GG lub preparat złożony zawierający *Lactobacillus acidophilus* i *Bifidobacterium* (HOWARU Protect).

Reumatoidalne zapalenie stawów. Badania wykazały, że zażywanie *Lactobacillus casei* przez osiem tygodni łagodzi tkliwość i opuchliznę stawów u kobiet z reumatoidalnym zapaleniem stawów.

Czego szukać, gdy kupujesz probiotyk

Duża liczba jednostek tworzących kolonie (jtk)

Twój mikrobiom zawiera mniej więcej 40 bilionów mikroorganizmów, więc by na niego wpłynąć, będziesz potrzebować probiotyku zawierającego mnóstwo bakterii. Innymi słowy, takiego z dużą liczbą jtk. Najlepiej, by produkt zawierał 20 miliardów jtk, a nawet więcej. Wiele produktów zawiera o wiele mniej od tego minimum. Liczba jtk w fermentowanej żywności często jest znacznie wyższa, chociaż nie należy generalizować.

Różnorodne szczepy

Chcemy, by w jelitach panowała różnorodność, więc tego samego oczekujemy od probiotyków. Urok fermentowanej żywności tkwi w tym, że różnorodność jest gwarantowana. Jeśli kupujesz probiotyk, upewnij się, że zawiera on co najmniej sześć różnych szczepów.

Gatunki

Lactobacillus acidophilus to nie to samo co *Lactobacillus casei*. Jeśli na opakowaniu probiotyku, który zamierzasz kupić, nie podano gatunków bakterii, to może on być nieskuteczny.

Na stronie internetowej cleverguts.com podajemy listę niektórych dobrej jakości produktów.

Więcej informacji na stronie cleverguts.com

Przypisy

1 R. Sender, S. Fuchs, R. Milo i in., *Revised estimates for the number of human and bacteria cells in the body*, „PLoS Biol", 2016. Źródło: http://journals.plos.org/plosbiology/article?id=10.1371/journal.pbio.1002533.

2 I. Shai i in., *Weight loss with a low-carbohydrate, Mediterranean or low--fat diet*, „New England J of Med", 2008. Źródło: http://www.nejm.org/doi/full/10.1056/ NEJMoa0708681#t=article.

3 E.W. Lepsen, J. Lungren, J.J. Holst i in., *Successful weight loss maintenance includes long-term increased meal responses to GLP-1 and PYY 3-36*, „Eur J Endocrinol", 2016. Źródło: https://www.ncbi.nlm.nih.gov/pubmed/26976129.

4 H.F. Helander, L. Fandriks, *Surface area of the digestive tract revisited*, „Scandinavian J Gastroenterology", 2014. Źródło: https://www.ncbi.nlm.nih.gov/ pubmed/24694282.

5 A. Capannolo, A. Viscido, M.A. Barkad i in., *Non-celiac gluten sensitivity among patients perceiving gluten-related symptoms*, „Digestion", 2015.

6 *A purified membrane protein from* Akkermansia muciniphila *or the pasteurized bacterium improves metabolism in obese and diabetic mice*, „Nature Medicine", 2016.

7 Źródło: http://www.mayoclinic.org/digestive-system/expert-answers/faq-20058340.

8 *Association between caesarean birth and risk of obesity in offspring in childhood, adolescence, and early adulthood*, „JAMA Pediatrics", 2016.

9 *Environmental spread of microbes impacts the development of metabolic phenotypes in mice transplanted with microbial communities from humans*, „ISME Journal", 2016.

10 D. Zeevi i in., *Personalised nutrition by prediction of glycaemic response*, „Cell", 2015.

11 *Is eating behavior manipulated by the gastrointestinal microbiota? Evolutionary pressures and potential mechanisms*, „BioEssays", 2014.

12 J.A. Bravo i in., *Ingestion of* Lactobacillus *strain regulates emotional behavior and central GABA receptor expression in a mouse via the vagus nerve*, „PNAS", 2011.

13 S. Rezzi i in., *Human metabolic phenotypes link directly to specific dietary preferences in healthy individuals*, „J Proteome Res", 2007.

14 G. Akkasheh i in., *Clinical and metabolic response to probiotic administration in patients with major depressive disorder*, „Nutrition", marzec 2016, R. 32, nr 3, s. 315–320. Numer DOI: 10.1016/j.nut. 2015.09.003.

15 N.A. Christakis, J.H. Fowler, *The spread of obesity in a large social network over 32 Years*, „New England J of Med", 2007. Źródło: http://www.nejm.org/doi/ full/10.1056/NEJMsa066082#t=article.

16 S.K. Garg i in., *Helminth therapy for induction of remission in inflammatory bowel disease*, „Cochrane Database Syst. Rev", 2014. Źródło: https://www.ncbi.nlm.nih. gov/pubmed/24442917.

17 R. Estruch i in., *Primary prevention of cardiovascular disease with a Mediterranean diet*, „New England J of Med", 2013.

18 B.S. Noriega i in.,*Understanding the impact of Omega-3 rich diet on the gut microbiota*, „Case Reports in Medicine", 2016. Źródło: https://www.hindawi.com/journals/crim/2016/3089303/.

19 *Mercury levels in commercial fish and shellfish*, US Food and Drug Administration. Źródło: http://www.fda.gov/Food/FoodborneIllnessContaminants/Metals/ucm115644.htm.

20 E.C. Rizos i in., *Association between omega-3 fatty acid supplementation and risk of major cardiovascular disease events: a systematic review and meta-analysis*, „JAMA", 2012.

21 P.W. Siri-Tarino i in., *Meta-analysis of prospective cohort studies evaluating the association of saturated fat with cardiovascular disease*, „Amer J of Clin Nutrition", 2010.

22 R. Chowdhury i in., *Association of dietary, circulating and supplementary fatty acids*, „Ann Internal Medicine", 2014.

23 S. Rohrmann i in., *Meat consumption and mortality*, „BMC Medicine", 2013.

24 L. Chen i in., *Egg consumption and risk of coronary heart disease and stroke: dose-response meta-analysis of prospective cohort studies*, „BMJ", 2013.

25 A. Gonçalves i in., *Alcohol consumption and risk of heart failure: the Atherosclerosis Risk in Communities Study*, „Eur Hear J", 2015.

26 M.I. Queipo-Ortuño i in., *Influence of red wine polyphenols and ethanol on the gut microbiota ecology and biochemical biomarkers*, „Amer J Clin Nutr", 2012.

27 J. Pérez-Jiménez i in., *Identification of the 100 richest dietary sources of polyphenols: an application of the Phenol-Explorer database*, „Eur J of Clin Nut", 2010. Źródło: http://www.nature.com/ejcn/journal/v64/n3s/full/ejcn2010221a.html.

28 M. Nagpal i in., *Role of curcumin in systemic and oral health: An overview*, „Journal of Nat Science, Biol and Med", 2013.

29 S.C. Mitchell i in., *Odorous urine following asparagus ingestion in man*, „Experientia", 1987. Źródło: https://www.ncbi.nlm.nih.gov/pubmed/3569485.

30 J. Sugarman i in., *You're in for a treat: asparagus*, „N C Med J", 1985.

31 H. Zheng i in., *Metabolomics investigation to shed light on cheese as a possible piece in the French paradox puzzle*, „Journal of Agricultural and Food Chemistry", 2015.

32 D.S. Ludwig i in., *Relation between consumption of sugar-sweetened drinks and childhood obesity: a prospective, observational analysis*, „Lancet", 2001.

33 Q.P. Wang i in., *Sucralose promotes good intake through NPY and a neuronal fasting response*, „Cell Metabolism", 2016.

34 S.E. Swithers i in., *Artificial sweeteners produce the counterintuitive effect of inducing metabolic derangements*, „Trends Endocrinol Metab", 2013.

35 J. Suez i in., *Artificial sweeteners induce glucose intolerance by altering the gut microbiota*, „Nature", 2014.

36 *The conversation: your gut bacteria don't like junk food – even if you do.* Źródło: https://theconversation.com/your-gut-bacteria-dont-like-junk-food-even-if-you-do-41564.

37 B. Chassaing i in., *Dietary emulsifiers impact the mouse gut microbiota promoting colitis and metabolic syndrome*, „Nature", 2015.

38 M. Remely i in., *Increased gut microbiota diversity and abundance of faecal bacterium prausnitzii and* Akkermansia *after fasting: a pilot study*, „Wien Klin Wochenschr", 2015.

39 *What does a three-day dietary cleanse do to your gut microbiome?* Źródło: http:// americangut.org/what-does-a-three-day-dietary-cleanse-do-to--your-gut-microbiome/.

40 S.B. Adamson i in., *Extremely short-duration high-intensity training substantially improves the physical function and self-reported health status of elderly adults*, „J Am Geriatr Soc", 2014. Źródło: https://www.researchgate.net/publication/263859177.

41 M.P. St-Onge i in., *Short sleep duration, glucose dysregulation and hormonal regulation of appetite in men and women*, „Sleep", 2012.

42 M.P. St-Onge i in., *Fiber and saturated fat are associated with sleep arousals and slow wave sleep*, „J Clin Sleep Med", 2016.

43 F. Zeidan i in., *Neural correlates of mindfulness meditation-related anxiety relief*, „Soc Cogn Effect Neurosc", 2014.

44 M. Borumand i in., *Daily consumption of the collagen supplement Pure Gold Collagen® reduces visible signs of aging*, „Clin Interv Ageing", 2014.

Podziękowania

Chcę ogromnie podziękować moim redaktorkom Aurei Carpenter i Rebecce Nicolson oraz reszcie zespołu z Short Books za wsparcie i mądre redakcyjne rady. Dziękuję również Caroline Barton za współpracę w zakresie kulinarnym oraz moim agentom Sophie Laurimore i Andrew Nurnbergowi za pomoc w przezwyciężeniu trudnych sytuacji. Przede wszystkim jednak chciałbym podziękować Clare, która ogromnie przyczyniła się do powstania tej książki.

Michael Mosley odbył praktykę w Royal Free Hospital w Londynie. Następnie dołączył do zespołu BBC, gdzie stał się znanym prezenterem telewizyjnym. Jest autorem światowych bestsellerów *Dieta 5:2 dr. Mosleya* oraz *Obniż cukier w 8 tygodni*. Ma żonę i czwórkę dzieci.

Doktor Clare Bailey, żona Michaela Mosleya, to lekarz rodzinny oraz pionierka w dziedzinie leczenia dietą oraz obniżania poziomu cukru we krwi i łagodzenia cukrzycy w ramach swojej praktyki Buckinghamshire. Jest autorką *The 8-Week Blood Sugar Diet Recipe Book*, wydanej w 2016 roku.

Tanya Borowski jest terapeutką żywieniową skupiającą się na medycynie funkcjonalnej. Uzyskała dyplom w zakresie terapii żywieniowej, certyfikat Institute of Functional Medicine i specjalizuje się w leczeniu dolegliwości trawiennych, takich jak IBS, nadwrażliwość na gluten oraz celiakia.

Wydawnictwo Otwarte sp. z o.o.,
ul. Smolki 5/302, 30-513 Kraków. Wydanie I, 2018, dodruk.
Druk: Abedik